François Ier Roi de chimères

Du même auteur
aux Éditions J'ai lu

LA COUR DES DAMES

1. *La Régente noire*, n° 8665

2. *Les Fils de France*, n° 8947

3. *Madame Catherine*, n° 9238

Au cœur de l'Histoire, n° 10092

Le Bal des Ifs, Mémoires de Mme de Pompadour, n° 10215

Du sang sur l'Histoire, n° 10471

FRANCK

FERRAND

François Ier
Roi de chimères

ROMAN

J'AI LU

À mon frère

« Je ne vois guère, dans François Ier, que des actions injustes ou odieuses, ou folles. Rien de plus injuste que le procès intenté au connétable, qui s'en vengea si bien, et que le supplice de Semblançay, qui ne fut vengé par personne. L'atrocité et la bêtise d'accuser un pauvre chimiste italien d'avoir empoisonné le Dauphin son maître, à l'instigation de Charles Quint, doivent couvrir François Ier d'une honte éternelle. Il ne sera jamais honorable d'avoir envoyé ses deux enfants en Espagne, pour avoir le loisir de violer sa parole en France.

« Quelques pensions données et mal payées à des pédants du Collège de France ne compensent point tant d'actions odieuses. Toutes ses guerres en Italie sont conduites avec démence. Point d'argent, point de plan de campagne ; son royaume est toujours exposé à la destruction ; et pour comble de honte, il se croit obligé de s'allier avec les Turcs, dans le temps que Charles Quint délivre dix-huit mille captifs chrétiens des mains de ces mêmes Turcs ! »

Voltaire

Lettre à Gabriel-Henri Gaillard,
biographe de François Ier

Avant-propos

Afin de nourrir, voilà quelques années, les romans de *La Cour des Dames,* j'ai dû me pencher d'assez près sur le règne de François Ier. Quelle n'a pas été ma surprise, en étudiant le cas personnel de ce roi, de découvrir un monarque en tout point différent de l'image qu'en avaient laissé filtrer les siècles ! J'avais à l'esprit un géant débonnaire et cependant magnifique, à la fois galant et lettré, un prince aimable en somme, plein d'honneur et de courage, aussi fort, lumineux et droit que Charles Quint pouvait sembler fluet, sombre et retors... Et voici que je découvrais un être vaniteux et faux, le jouet de sa mère et de ses maîtresses, la dupe de ses favoris, le plus souvent inconséquent, presque toujours mal inspiré. Étonné, dépité, je dus pourtant me rendre à cette évidence : François Ier ne méritait pas les surnoms de Grand Roi, de Père des Lettres, de Restaurateur des Arts que lui avait octroyés une cour de flatteurs appointés.

Le 1er janvier 2015 marque le cinquième centenaire de son règne – même si l'habitude qu'on avait de faire commencer l'année à Pâques datait alors l'avènement de 1514. L'idée m'est venue que cet anniversaire allait susciter bien des panégyriques au Roi-Chevalier, et qu'on allait sauter sur l'occasion pour tresser encore des lauriers à cette figure imaginaire, à ce mythe éloigné de la réalité. Aussi bien, au risque d'encourir le reproche de « déboulonner une statue », me suis-je mis en tête d'avertir les esprits impartiaux, et de rappeler au public *qui* fut vraiment le bâtisseur de Chambord et de Fontainebleau.

Que les choses soient claires : mon intention, en brossant ce portrait-vérité, n'est pas de souiller la mémoire d'un des souverains les plus appréciés de l'histoire de France. Je voudrais seulement débarrasser son image de tous les ajouts, de toutes les surcharges qu'on y a mis. J'aimerais, en reprenant, un à un, les principaux épisodes de ce règne, montrer François tel qu'il était, non tel qu'on voudrait qu'il fût. Autrement dit, mon ambition est de faire entendre, au sein d'un prévisible concert de louanges, quelques notes discordantes, certes, mais vraies. Ce faisant, j'aurai le sentiment de rendre justice à tous ceux – ils sont innombrables – qui ont eu à pâtir de ses fautes, et hommage à d'autres rois de France, mieux propres à recevoir selon moi le titre de *grand* : par exemple Charles V, Louis XII, Henri IV ou encore Louis XVI – mais oui.

Introduction

Marignan, succès fatal

Le 1er janvier 1515, François de Valois, comte d'Angoulême, devenait le roi François Ier. À travers ce jeune homme de vingt ans, grand, beau, coruscant, succédant à un moribond – son beau-père et cousin Louis XII –, c'était une branche nouvelle de la dynastie qui accédait au trône. Porteuse d'un sang neuf et de beaucoup d'espoir. Le peuple de France exulta ; ses vœux unanimes accompagnèrent le gentil souverain ; et cette ferveur culmina lorsque, neuf mois plus tard – le temps d'une gestation – le jeune héros couronné se concilia la Fortune et remporta, au-delà des Alpes, à Marignan, une victoire herculéenne, véritable coup d'envoi d'un règne qui s'annonçait exceptionnel. C'était à la mi-septembre. Jamais, depuis fort longtemps, monarque n'avait connu pareille popularité en France : François, premier du nom – « M. François qui estoit tout François », selon les États de Tours –, fit battre les cœurs à l'unisson. Avis à tous : un demi-dieu venait de prendre en main les destinées du royaume de Saint Louis !

*

Marignan, quinze cent quinze. Tout écolier a remâché ces mots, à défaut d'avoir su toujours ce qu'ils recouvraient... La beauté du Roi-Chevalier, ami de Léonard de Vinci, la splendeur d'un soleil couchant qui rougit les armures ont à jamais imprégné les consciences. Images ineffaçables, à l'instar du grand portrait en majesté du roi par François Clouet, ou de la Salamandre, flamboyant emblème, ornant en bas-relief les cheminées de Chambord et la galerie de Fontainebleau. Dans le grand imagier national, le nom de François Ier se confond avec la Renaissance : efflorescence des Arts, rayonnement des Lettres, jubilation d'un royaume en plein essor, face au vieil empire étiolé, rapiécé, de Charles Quint.

Marignan, quinze cent quinze, victoire éternelle de François Ier... Panorama sans tache, tenture sans défaut masquant cependant une réalité moins parfaite... Car ce premier fait d'armes allait être suivi de batailles moins faciles et de défaites cuisantes – voire désastreuses, comme celle de Pavie. Car cette année de gloire allait en appeler trente et une autres, pleines de tourments et de vicissitudes, en proie aux bouleversements politiques, financiers, sociaux et religieux d'un siècle malaisé. Le beau portrait, le bel emblème ne disent presque rien du roi et de sa cour. À titre personnel, François se montrait imposant et jovial, soit ; mais il pouvait aussi se révéler futile, cruel, influençable ou lâche. Accaparé, surtout, par d'étranges obsessions.

*

D'où venait-il, ce roi trop beau pour être vrai ? De Cognac. Sa mère, Louise d'Angoulême, l'avait mis au monde sous un grand orme où, selon la tradition, elle s'était fait porter dès les premières douleurs. Si l'on en croit le *Journal* de l'intéressée, sa délivrance n'était venue qu'à dix heures du soir. Le douzième jour de septembre, l'an 1494, était donc né François. Son père, le comte Charles, cadet de Valois, neveu du poète Charles d'Orléans, menait sur ses terres, en ses vignes, une vie bucolique, entre deux belles maîtresses et une jeune épouse élue au berceau par Louis XI en personne, dans une branche cadette de l'illustre maison de Savoie. À trente-six ans, le 1er janvier 1496, ce géniteur évanescent devait succomber, à Châteauneuf-sur-Charente, des suites d'un chaud et froid ; son fils ne le connaîtrait donc pas... François grandirait orphelin de père, entre une sœur qui l'adorait, Marguerite, de deux ans plus âgée, et une mère qui devait, de toute passion, le dresser, le forger, le hisser, le soutenir sans cesse à bout de bras. Il faut dire que, avant sa première grossesse, Louise était allée implorer, au couvent de Plessis-lez-Tours, la bénédiction du célèbre François de Paule, et que l'ermite lui avait dit : « Votre fils sera roi. » Elle le crut, sans jamais douter, et avait regardé la naissance de Marguerite comme un contretemps, puis celle de François comme le début d'une grande aventure.

Libris et liberis... La devise de Louise a souvent été traduite ainsi : « Pour mes livres et pour mes enfants ». Et le fait est qu'elle aima beaucoup les uns et les autres, et se dévoua sans limite à l'épanouissement de Marguerite et, surtout, de François. Ne serait-il pas possible de traduire aussi : « Par mes livres et par mes enfants » ? Tant il est vrai que cette autodidacte, lectrice de toutes sortes de traités, ne cessa de vouloir dominer le Sort à l'aide de sa progéniture – spécialement à travers son fils... L'ambition de Louise de Savoie rejoint celle d'autres femmes de tête, nombreuses en ce siècle ; on la comparerait volontiers à celle d'Anne de Beaujeu qui l'avait éduquée sans amour ; à celle d'Anne de Bretagne qu'elle détestait avec constance ; à celle d'Anne d'Étampes qui lui succéderait dans le cœur de son fils ; à celle aussi de Diane de Brézé – dite Diane de Poitiers – qui, d'une certaine manière, allait prolonger son œuvre.

Élevé par sa mère en futur souverain, constamment traité comme tel par sa sœur, François avait pourtant peu de chances, au départ, de ceindre la couronne. Il venait au second rang. Son lointain parent, le roi Charles VIII, était jeune et bien portant, tout comme son épouse, née duchesse de Bretagne. Chaque grossesse de la reine Anne mettait du reste Louise au supplice, qui voyait son fils s'éloigner du trône un peu plus. Au contraire, chaque naissance de princesse, chaque décès au berceau, chaque enfant mort-né, chaque fausse couche l'emplissaient d'une joie malsaine – et c'est ce qui, imperceptiblement, devait lui valoir, dans l'inconscient public, l'*aura* sulfureuse d'une espèce de sorcière... Lorsque Charles VIII se fracassa le front contre un linteau de porte – accident stupide s'il en fut –, Louise serra les poings : son horizon se dégageait... François devenait, en l'absence de dauphin, héritier naturel du trône ! Certes, Anne de Bretagne épousa le successeur de Charles, le cousin Louis d'Orléans, qui devait régner sous le nom de Louis XII. Mais elle ne se montrait guère plus féconde : naquirent et vécurent deux princesses, Claude et Renée – mais de prince, point. Pendant ce temps, Louise guettait, épiait, priait. Et l'on comprend que la reine ait souhaité la tenir à distance... François grandissait, grandissait.

Louis XII, bien conscient de tenir en cet orphelin – son plus proche parent mâle – un héritier par défaut, lui constitua une maison et le confia aux soins d'un gouverneur, le maréchal de Gié – que Louise évincerait à l'usure. Logés à Amboise comme on assigne à résidence des hôtes gênants, la comtesse d'Angoulême et ses enfants devinrent comme une famille royale de secours... On les observait de loin. Marguerite était douée pour l'étude et fascinait ses précepteurs ; François l'était moins et fatiguait les siens. Seuls trouvaient grâce à ses yeux la mythologie romaine, les récits de voyage et ces romans de chevalerie qui, peu à peu, allaient envahir son imaginaire. Le premier mythe à détruire est donc celui du jeune humaniste, ami des philosophes et amoureux des livres, sorte de penseur précoce, élu par la Providence à un trône royal ; dans la réalité, François fut très éloigné de cet idéal.

Plus volontiers qu'à l'étude, le jeune prince s'illustrait aux jeux de plein air, en compagnie d'une joyeuse bande de seigneurs de son âge : Guillaume de La Marck, futur maréchal de Florange – qui se ferait nommer le Jeune Adventureux –, le fidèle Marin de Montchenu, Philippe Chabot de Brion, Anne de Montmorency, plus tard Guillaume Gouffier de Bonnivet... Des noms qu'on apprendrait à connaître. À quoi jouaient-ils ? À l'*escaigne* – un jeu de raquettes importé d'Italie –, à la *grosse boule* – un ballon de la taille d'un homme, mais aussi au tir à l'arc et à toutes sortes de jeux guerriers : n'avait-on pas, dans les jardins d'Amboise, construit pour eux de petits forts qu'ils s'exerçaient, tour à tour, à prendre et à défendre ?

François aimait passionnément les chevaux. À quatorze ans, ce penchant aurait pu lui coûter la vie, si l'on en croit une page fameuse du *Journal* de sa mère : « Le jour de la conversion de saint Paul, 25 janvier 1501, environ deux heures après midi, mon roi, mon seigneur, mon César et mon fils, auprès d'Amboise, fut emporté au travers des champs par une haquenée – entendez : une jument – et fut le danger si grand, que ceux qui étaient présents l'estimèrent irréparable. Toutefois Dieu, protecteur des femmes veuves et défenseur des orphelins, prévoyant les choses futures, ne me voulut abandonner, connaissant que, s'il m'eût soudainement privée de mon amour, j'eusse été trop infortunée... »

Si Louise tremblait pour son « César » au moindre danger, elle vivait, en revanche, dans l'espoir que le roi Louis mourût ; et de fait, en 1504, ce fut bien près d'arriver. Le Père du Peuple était tombé malade à Lyon ; il souhaita mourir à Blois et pria qu'on l'y transportât par voie fluviale. André Castelot : « Le maréchal de Gié, amoureux, dit-on, de Louise, barre la Loire avec dix mille archers afin, en cas de mort du roi, d'empêcher la reine d'aller se réfugier en Bretagne avec sa fille Claude. Puis le maréchal s'installe à Amboise qu'il entoure de troupes, pour que l'on ne vienne pas enlever le futur roi. » Ce zèle devait lui coûter sa place.

Car Louis XII, contre toute attente, finit par se rétablir ; et, en définitive, c'est la reine Anne qui partit la première ! Louise n'était pas vraiment perdante au change. Elle en serait quitte pour patienter... Afin de tromper son attente, elle étoffa d'importance la maison de son fils : un demi-cent de chambellans, cent trente domestiques, dix secrétaires et presque autant de chapelains – un train de parvenu, mais dont se glorifiait celle qui, trop longtemps, avait subi la gêne. Pourpoints de soie tout brodés d'or et d'argent, garnitures de martre et d'hermine, vaisselle précieuse et mobilier de nouveau riche : le futur roi se montrait aussi tapageur dans ses goûts que le roi régnant était sobre.

Le malheureux Louis haussait les épaules... Trahissant sa défunte épouse, il avait fini par donner la main de leur fille aînée, Claude de France, à « ce gros garçon » qui, disait-il, « gâterait tout ». Mariage en grand deuil, forcément... Était-ce le signal d'une transition ? Pas encore ! Car le roi, même usé, décida de se remarier – ce seraient ses troisièmes noces. Il épousa cette fois la jeune et jolie sœur du roi d'Angleterre, Mary Tudor. Louise redoubla d'incantations, même s'il était peu probable qu'un tel marié pût concevoir encore un héritier. C'est alors qu'on apprit que François, tout écervelé, en bon fils du comte Charles, n'était pas insensible aux appas de sa jeune et jolie belle-mère... Louise crut en défaillir de colère : ce benêt allait-il engendrer lui-même le dauphin qui l'écarterait du trône ? C'était à se pendre ! Heureusement pour elle, ce royal vaudeville ne s'éternisa pas : Louis XII trépassa en quelques semaines, harassé par son épouse trop jeune et trop jolie... Enfin, le *César triomphant* était libre d'advenir.

*

Installée au pouvoir, Louise de Savoie se mit à vivre, enfin, l'existence dont elle avait rêvé. Fut-elle comblée ou bien déçue ? L'histoire ne le dit pas... Ni tout à fait reine mère, ni encore reine régente, elle n'était pour l'heure que la mère du nouveau roi. À la Cour, on l'appela simplement « Madame » – sans précision. Avec l'emballement de ceux qui ont longtemps attendu, beaucoup réfléchi, Madame se mit au travail sans délai. Générosité bien ordonnée... Elle fit ériger son comté en duché, et se fit attribuer les revenus de l'Anjou, du Maine et de la baronnie d'Amboise, auxquels s'ajouteraient des droits de chancellerie versés par les nouveaux titulaires de hautes charges. Car tous les grands emplois devaient changer de main. Appliquant avant la lettre un véritable *système des dépouilles*, Madame Louise fit nommer ses proches aux postes clés : son homme de confiance, Antoine Duprat, devint ainsi chancelier de France ; elle fit donner à son protégé, Charles de Bourbon, l'épée de connétable – promise, il est vrai, par le défunt souverain ; elle fit aussi nommer deux nouveaux maréchaux, Lautrec et La Palice, et confia la charge laissée par ce dernier – celle de grand maître de France, à la tête de la maison du roi – à son propre frère. Son gendre, le duc d'Alençon, époux de Marguerite, se plaignit-il de n'avoir pas profité de la distribution ? Elle le fit proclamer, dans les formes, « second personnage du royaume » !

Ces bonnes choses étant réglées, la mère du roi, désormais secondée par Duprat, fit comprendre à tous les corps constitués que c'en était fini, dès à présent, de la monarchie tempérée. L'autorité de son fils ne se discuterait pas ; les parlements n'avaient plus droit aux remontrances ; les états généraux ne seraient plus convoqués ; les différents conseils seraient mis en coupe réglée. Seule serait admise l'obéissance aux décisions royales. Administration, Justice, Église et Finances : l'heure était venue d'une remise au pas. Madame s'amusait comme une folle.

*

Et le roi, pendant ce temps ? À vingt ans, François Ier s'intéressait davantage à ses plaisirs qu'aux affaires de l'État. Madame Louise ne chercha pas à l'en blâmer – bien au contraire – mais tout de même elle avait à cœur de préserver les apparences. Ne faisait-elle pas tout cela pour la gloire de son fils ? Officiellement, tout émanerait donc du souverain ; et, dans les faits, on lui laisserait un os à ronger : l'Italie. Charles VIII puis Louis XII éblouis par ce qu'on n'appelait pas encore la Renaissance italienne, et pouvant exciper des droits sur le Milanais de leur aïeule, Valentine Visconti, s'étaient lancés dans d'exaltantes et fort coûteuses campagnes outre-monts. Sans succès : au début de 1515, la France n'y possédait plus un seul arpent... François, s'il avait écouté sa mère, s'en serait contenté ; mais il aima mieux suivre, en ce domaine réservé, l'avis de ses compagnons de jeu, dont le futile Guillaume de Bonnivet. Aussi se prit-il d'une passion précoce pour la péninsule et, spécialement, pour la Lombardie.

À Milan, le pouvoir était à la famille Sforza dont le chef, Maximilien, était soutenu par l'empereur – un autre Maximilien –, le roi d'Aragon, chez lui à Naples, et par celui qui orchestrait leur front commun : le pape en personne, Léon X – un Médicis de Florence. Pour impressionner vraiment le roi de France, il en eût fallu davantage... Allié pour sa part aux Vénitiens et aux Génois, il résolut de faire honneur à ses devanciers en relançant la guerre. La cavalerie des Français était réputée puissante et leur artillerie, imbattable ; restait à trouver des fantassins.

Le plus gros réservoir de mercenaires se trouvait alors dans les cantons helvétiques. Seulement ils avaient changé de camp ! Pour combattre les

Suisses, on eut recours à des lansquenets d'outre-Rhin, joints à ce qu'on put lever en Picardie et en Gascogne. Au début de l'été, François confia formellement la régence à sa mère – ce qui ne changeait pas grand-chose en pratique – et se mit à la tête d'une gigantesque armée qu'il entreprit, sur les traces lointaines d'Hannibal, de conduire à travers les Alpes. Magnifique exploit. Sur le versant méridional, les pentes étaient abruptes ; des mules, des chevaux glissaient dans le ravin, entraînant chariots et canons...

Tandis que François progressait vers l'orient – il franchit le Tessin fin août –, ses émissaires tentaient d'acheter les Suisses qui, divisés, posèrent de dures conditions à leur ralliement. Pendant ce temps, ils étaient harangués, travaillés, bientôt retournés par le Cardinal de Sion, légat du pape, qui les poussait à l'affrontement. Ils finirent par se rétracter, en effet, et, prenant prétexte d'une escarmouche, voulurent attaquer les Français. Le camp du roi et de ses principaux lieutenants se trouvait à San Giuliano, juste au nord de Melegnano – pour nous, Marignan. Voyant de la poussière s'élever dans le ciel du côté de Milan, le connétable de Bourbon fit prévenir le roi. La bataille, d'une violence inouïe, ne s'engagea que vers quatre heures du soir, ce 13 septembre ; comment ne se serait-elle pas, dès lors, prolongée dans le couchant, puis dans la nuit tombée ? Se repérant au clair de lune, les combattants furent, aux alentours de minuit, plongés dans une obscurité totale. On fit alors une trêve, mais sans séparer les armées, ce qui multiplia les occasions d'accrochage à tâtons. Le lendemain, dès l'aube, tout reprit ; mais côté français l'on s'était ressaisi ; Bourbon avait mis la trêve à profit pour rétablir les positions ; surtout, on avait eu le temps de héler les renforts vénitiens qui, paraissant sur les coups de dix heures au cri de « San Marco ! San Marco ! », allaient emporter l'affaire. Il était temps ; car, en dépit d'un nouvel accès de *furia francese*, et bien que François lui-même eût chargé comme un diable à la tête de sa gendarmerie, les Suisses avaient, pour ainsi dire, dominé l'action.

En attendant, François avait gagné, et cette nouvelle, comme celle d'un second couronnement, avec cette fois l'onction du sang, faisait déjà le tour de l'Europe. Milan redevenait française – pour combien de temps ? Maximilien Sforza n'en défendit pas moins sa citadelle jusqu'au 4 octobre ; puis il dut s'incliner ; on l'exila en France, muni d'une rente... Il devait mourir à Paris, quinze ans plus tard, en 1530 ; du reste on prétendit qu'il y aurait vécu bien plus longtemps, sous l'identité d'un moine, en l'abbaye de Saint-Germain-des-Prés.

*

Le choc de Marignan, d'une rare violence, avait fait d'innombrables victimes – sans doute bien plus que les seize mille reconnues. Sur un terrain poisseux de sang, le jeune roi de France, bien que vainqueur, eut à faire le compte des grands noms endeuillés de sa noblesse. Créa-t-il, au soir de la bataille, un quarteron de chevaliers ? C'est ce que l'on raconte... On prétendit aussi que la veille, au moment d'engager le combat, s'était écrite l'une des pages fondatrices de tout le règne : le jeune roi, recueilli et grave, aurait, au dernier moment, prié le capitaine Bayard de l'armer chevalier. Là, sur-le-champ, au milieu des hommes d'armes ! Objection du grand soldat qui rappelle à son maître que, par le sacre de Reims, il est déjà chevalier. « Bayard, dépêchez-vous, faites mon vouloir et commandement, si voulez être du nombre de mes bons serviteurs et sujets ! » s'impatiente François. Alors le capitaine s'exécute : « Sire, autant vaille que si était Roland ou Olivier, Godefroy ou Baudouin son frère. Certes, vous êtes le premier prince que oncques fis chevalier. Dieu veuille qu'en guerre, ne preniez la fuite ! » Adoubement, accolade, sur fond de canonnade, déjà, et de premiers engagements...

On a cherché l'origine de cette mise en scène dans le goût du jeune roi pour cette chevalerie qu'il connaissait de romans médiévaux. L'imprimerie était naissante alors, et ses premiers marchands proposaient aux fortunés lecteurs nombre de récits faciles, nés deux ou trois siècles plus tôt sous la plume de trouvères et de moines. Les modèles de cette littérature étaient, outre le fameux *Roman de Turpin*, les œuvres de Chrétien de Troyes : *Lancelot, Yvain, Perceval*... Dans leur adolescence, Marguerite et François s'en étaient gavés, au point de chercher plus tard, avec plus ou moins de succès, à faire revivre l'univers de ces nobles seigneurs et de ces gentes dames. Et le vainqueur de Marignan put se croire, de bonne foi, le débiteur des cours d'amour...

« À force de lire des romans, soutient l'érudit Legrand d'Aussy, il avait conçu l'ambition de devenir héros de roman... Il lui arrivait quelquefois de se faire peindre la barbe, et de se montrer ainsi à ses courtisans, habillé comme les preux de nos romanciers. » Le plus extraordinaire est que cette fantaisie juvénile – pour ne pas employer le terme d'extravagance – ne resta pas sans effet : François Ier allait devenir pour les siècles – et jusqu'à nous – l'incarnation d'une sorte de chevalerie nouvelle. « Il est incontestable, écrit l'homme politique et historien

Pierre-Louis Roederer, qu'à François Ier seul appartient la gloire d'avoir voulu faire renaître et refleurir la chevalerie, toutefois en l'embellissant par le mélange des fictions dont étaient remplis les romans publiés de son temps. Ce devait être [...] la formation d'une chevalerie toute nouvelle. »

Ce qu'il y a de piquant, avec le recul des siècles, c'est que sans doute on ne vit, sur le champ de Marignan, ni adoubement ni accolade... Dans son étude sur la bataille, Didier Le Fur conclut que la légende du Chevalier Bayard et de François, Roi-Chevalier, ne fut forgée que plus tard, au lendemain de Pavie, par le polygraphe lyonnais Symphorien Champier, proche de Louise de Savoie. Ses *Gestes du preux chevalier Bayard* relèveraient donc, selon lui, de la propagande après coup, et n'auraient visé qu'à redorer le blason terni d'un souverain captif. On aurait surtout cherché, en faisant de François Ier un initié, à justifier sa capture à Pavie : loin d'être la faute capitale d'un chef d'État dépassé par les événements, la catastrophe devenait sacrifice ultime d'un chevalier rompu à tous les codes d'honneur. François – c'est en tout cas ce que Champier laissait entendre – n'aurait pas eu le choix ; il n'aurait fait que respecter la parole donnée à Bayard... À quoi tient l'histoire...

*

La fresque de Marignan, grand camaïeu de rouge sombre, allait marquer pour longtemps l'imaginaire du royaume. Mais avant les Français, et plus fortement qu'eux, elle avait ébloui le jeune roi lui-même, jusqu'à l'aveugler. Désormais, pendant plus de trois décennies, François n'allait avoir de cesse de retrouver les émotions vécues ce jour-là et cette nuit : pêle-mêle un sentiment délicieux de destin vacillant et de lutte incertaine, une fraternité chevaleresque, et puis surtout l'amour de cette contrée lombarde et la joie indicible de se réveiller vainqueur. Les sourdes obsessions qui, le règne durant, devaient tout ramener toujours à Milan, toujours à la guerre, venaient de naître et déjà possédaient l'esprit du souverain. En cela, le succès de Marignan recelait muettement des germes fatals.

De nouveau, Roederer : « La victoire de Marignan a été bien fatale à la France. Elle décida la double vocation du jeune monarque à la volupté et au despotisme, et par ce funeste résultat elle fut la cause éloignée de bien des défaites [...]. Ce fut le connétable de Bourbon qui gagna Marignan : ce fut François Ier qui en eut la gloire. Il en eut la gloire parce qu'il y fut brave comme un autre, et parce qu'il était roi. L'armée avait à espérer un prix plus élevé de la gloire du roi que de celle du connétable. »

Décidément, à quoi tient l'histoire !

1

Le pape et l'empereur

L'une des images les plus flatteuses qu'on ait gardées de François Ier a été forgée à Rome, en 1818, par un des maîtres de l'art troubadour : le peintre Jean Auguste Dominique Ingres. La toile, de petit format – commande du comte de Blacas pour le tricentenaire, devenue l'un des fleurons du Petit Palais – s'intitule *François Ier reçoit les derniers soupirs de Léonard de Vinci*. Elle s'inspire d'une mention tardive de Vasari, et fut largement reproduite, en préambule à toutes sortes de développements sur les belles retombées de Marignan. On sait aujourd'hui qu'elle dépeint une scène imaginaire, au point que le préciser relève du pont aux ânes : le 2 mai 1519, jour de la mort de Léonard, le roi se trouvait en fait à Saint-Germain-en-Laye et non au manoir de Cloux, à Amboise.

Mais, au-delà du mythe, c'est la légende de ce jeune roi passionné d'art, recevant comme un disciple l'enseignement du génie universel, qui semble devoir être révisée. J'ai pu montrer, à la télévision, dans une émission récente, une missive du British Records Office de Londres, prouvant que la volonté d'inviter le maître en France appartenait moins à François qu'à sa mère. Du reste, c'est chez Louise de Savoie – dans ce qui deviendrait le fameux

Clos-Lucé – que serait hébergé l'illustre convive ; et c'est à elle, en tout cas à son domaine de Romorantin, au bord de la Sauldre, qu'il devait consacrer, en France, le peu d'activité que lui permettaient encore l'âge et la maladie.

Peut-être Léonard livra-t-il, dans le cadre d'un projet avorté, le dessin dont seraient inspirés, plus tard, les plans du château de Chambord ; sans doute les trois chefs-d'œuvre apportés en France par le maître – *La Joconde*, le *Saint Jean-Baptiste* et la *Sainte Anne* – devaient-ils fonder le socle des collections royales… Est-ce à dire pour autant que le vieux savant marqua fortement le monarque à ses débuts ? Deux décennies plus tard, François aurait laissé entendre à Cellini que le « grand philosophe » l'avait impressionné. Admettons… On est loin d'Alexandre formé par Aristote ! Jusqu'à plus ample informé, la seule réalisation de Léonard qui eût vraiment frappé l'esprit de François reste un lion mécanique, autrefois conçu pour Louis XII, et qu'il avait vu fonctionner à Lyon, lors d'une de ces grandes parades qu'on appelait alors les Joyeuses Entrées… Sans doute fut-il charmé d'en croiser l'inventeur, à Bologne, sous les auspices du Saint-Père – car c'est probablement dans ce cadre historique que s'effectua la rencontre.

*

L'entrevue de Bologne avec le pape est du reste autrement importante : elle marque les premiers pas du jeune roi sur la scène de la diplomatie. L'enjeu en était moins religieux que politique. Léon X avait appris avec angoisse le verdict de Marignan. Il s'était, clairement, trompé de camp et se devait de rectifier le tir… Quelle ne fut pas sa surprise de constater que le jeune François, en bon chrétien, ne profitait nullement de la situation et, bien au contraire, se déclarait prêt, en échange de Parme et de Plaisance, à céder Nemours à Julien et Laurent de Médicis, frère et neveu du pape !

Le jour de son sacre, à Reims, le 25 janvier 1515, François avait juré de maintenir les privilèges de l'Église, d'en préserver les biens et la liberté, de pourchasser les hérétiques. Nous verrons jusqu'où le respect de ce dernier serment fut poussé dans la suite du règne. Mais pour ce qui est du respect de Dieu et de son vicaire, force est d'admettre que le jeune roi s'y est, d'entrée de jeu, soumis de bonne grâce. Depuis des décennies, la monarchie française entretenait avec la papauté des relations pour le moins tendues, avec pour enjeu l'autorité suprême sur l'Église de France : appartenait-elle au pape ? Revenait-elle au roi ? François et sa mère optèrent pour l'apaisement, et le nouveau monarque, auréolé de sa récente victoire, rencontra donc le souverain pontife. En résulta un concordat dont on n'a pas assez, me semble-t-il, relevé les inconvénients.

La question de l'autorité sur le clergé gallican ne fut pas si nettement tranchée qu'il y parut d'abord. Certes, la pragmatique sanction de Bourges, promulguée en 1438 par le roi Charles VII, plusieurs fois annulée depuis et rétablie de même, et qui donnait au roi la primauté sur le clergé français, était abolie ; mais le monarque acquérait en revanche une large autonomie dans la désignation des prélats, jusqu'alors élus par des chapitres. Fin des élections ; le roi nommait, le pape instituait. En échange, le Vatican put de nouveau percevoir les annates : des provisions versées par les évêques nouvellement nommés. On imagine le pouvoir conféré à François Ier par ce concordat : hormis les annates, il avait à sa main les revenus, souvent considérables, de plus de cent cinquante archevêchés et évêchés, d'environ cinq cents abbayes et prieurés !

Au-delà du gain de pouvoir implicite pour la Couronne, cela ne pouvait qu'entraîner d'importantes conséquences sur la réputation du clergé dans la population. On vit fleurir les accusations de complaisance, de népotisme, d'incompétence même des évêques et des chefs de communautés. L'abbé Mably l'affirme : « C'est pour s'attacher plus étroitement le clergé, que François Ier fit avec Léon X le concordat qui le rendit distributeur des dignités et de la plupart des domaines de l'Église. Le roi tint, pour ainsi dire, dans sa main tous les prélats, dont l'ambition et la cupidité étaient insatiables. » De fait, le concordat de Bologne eut des effets sur le mode de vie des princes de l'Église de France. Presque du jour au lendemain, on vit la cour royale se peupler d'évêques et d'archevêques, plus assidus aux festins du prince qu'aux offices de leur diocèse. On compta jusqu'à vingt-deux cardinaux, présents à une procession que conduisait François… Leur proximité avec les dames, elles aussi de plus en plus nombreuses à la Cour, n'allait pas tarder à donner naissance aux pires rumeurs.

Jean Jacquart, biographe du roi, a fait les comptes : sur cent quatre-vingt-deux évêques nommés par François Ier durant son règne, une forte proportion lui apparaît comme issue de la noblesse d'épée, qui voyait là un moyen d'asseoir ses cadets, ainsi que d'une noblesse de robe à teinture « ministérielle ». Les membres d'éminentes familles provinciales ne sont pas oubliés, et l'on constate que les conditions d'âge – au moins vingt-sept ans – et de diplômes ne sont pas gravement enfreintes – sauf pour les candidats issus de lignées princières ou de haute noblesse. Les abus, nous dit Jacquart, « sont plus grands dans les nominations des prieurs ou des abbés commendataires, choisis parfois parmi les laïcs. Il s'agit en vérité de distribuer des pensions qui ne coûteront rien au budget. Brantôme fut abbé du monastère de sa seigneurie, le grand Primatice reçoit l'abbaye de Saint-Martin à Troyes, Pierre Lescot est chanoine de Paris et abbé au diocèse du Mans ». Comment admettre, au XXIe siècle, que des charges d'abbé ou de chanoine, avec les bénéfices afférents, aient pu servir à récompenser des peintres et des architectes – pour ne rien dire des favoris du roi et de ses maîtresses ?

*

Au moment de prendre congé de son illustre visiteur, le Saint-Père lui remit un présent magnifique : un grand reliquaire d'or en forme de croix, d'une valeur de quinze mille ducats, et contenant un fragment de la vraie Croix. Était-ce une manière d'inviter François à prendre la tête d'une croisade contre le Turc, ambition suprême du pape ? En offrant à François cette croix somptueuse, en le présentant, à grand renfort de propagande, comme le nouveau Constantin, Léon X entendait surtout pousser le jeune roi de France sur le trône du Saint Empire romain germanique. D'ailleurs, il ne cachait nullement cette intention, et avait commandé pour le Vatican, à l'atelier de Raphaël, un *Couronnement de Charlemagne* où l'empereur apparaissait sous les traits de François, et le pape Léon III sous les siens.

Trône symbolique s'il en fut que celui de Charlemagne et de Barberousse, réputé puiser aux sources antiques des César et des Auguste ; trône sacré que celui auquel on n'accédait pleinement qu'après bénédiction papale ; mais aussi, mais surtout trône électif ! Depuis quelque temps, son occupant, Maximilien de Habsbourg, donnait des signes de fatigue ; or, la diète de Francfort avait refusé le titre de roi des Romains, c'est-à-dire de successeur désigné, à son neveu Charles d'Espagne. Aussi, lorsque l'empereur mourut, le 12 janvier 1519, sa succession se révéla-t-elle entièrement ouverte. Le roi d'Angleterre s'y présenta pour la forme, avant d'abandonner assez vite ; le roi de France crut son heure venue et fit de cette élection une priorité absolue. Quant au roi d'Espagne, évidemment, il ne pouvait que revenir en lice…

Quel était donc l'enjeu pour les deux souverains ? Si l'on en croit Philippe Erlanger, « le Saint Empire romain germanique avait bien dégénéré depuis ses heures de gloire. Autant la France s'était unifiée, autant il s'était décomposé. Politiquement, il formait un magma : sept électorats, trente-trois souverainetés de dynasties allemandes, environ trente autres non allemandes, cent sept comtés, quatre archevêchés, quarante-six évêchés, soixante-trois abbayes, treize monastères, quatre-vingt-cinq villes libres, tous "immédiats", c'est-à-dire souverains, relevant théoriquement de l'empereur, mais ne lui obéissant que s'il achetait leur accord ». Quel intérêt, pour le roi de France ? « Empereur, François empêcherait l'encerclement de son royaume, mais, étant maître de l'Italie du Nord et trouvant le moyen de s'étendre vers l'est, il encerclerait au moins en partie cet empire naissant fait de morceaux disparates. » L'empire naissant dont parle Erlanger n'est autre que celui de Charles…

Encore fallait-il obtenir un vote en sa faveur, de quatre au moins des sept Électeurs de la Diète.

François Ier avait – ou pensait avoir – les moyens de ses ambitions. Des envoyés spéciaux furent dépêchés auprès des différents Électeurs, avec un premier crédit de quatre cent mille couronnes et, pour coordonner leurs manœuvres, l'amiral de Bonnivet, ami intime du roi, et le président du Parlement, Guillart. Dépenses illimitées : François se disait prêt à engloutir jusqu'à trois millions – une année pleine de cet impôt principal qu'on appelait la taille ! Les Allemands ne tardèrent pas à comprendre que les ressources consacrées par la France à cette élection ne connaîtraient point de bornes. « Ces diables de Français laissent couler leur or en toutes directions », écrivit un agent des Habsbourg. Le fait est que les Électeurs n'en croyaient pas leurs yeux. « Quand Guillart suggéra que ceux-ci seraient peut-être plus sensibles à la persuasion qu'à la corruption, le roi fit la sourde oreille, note Robert J. Knecht. "Si nous avions, écrit François, à besogner gens vertueux ou ayant l'ombre de vertu, votre expédient serait très honnête ; mais en temps qui court de présent, qui en veut avoir, soit papauté, soit empire, ou autre chose, il y faut venir par les moyens de don et de force." » Le cynisme d'un tel avis laisse pantois, surtout sous la plume d'un souverain dans sa troisième année de règne ! Il est vrai que sa mère l'avait tôt déniaisé sur ces matières...

Tandis que les Français jetaient ainsi l'or par les fenêtres, aliénaient pour cela des portions entières du domaine royal et s'endettaient lourdement chez les banquiers italiens de Londres, l'agent de Charles, sa tante Marguerite d'Autriche, procédait de manière plus avisée. Elle pouvait compter sur la puissance financière et le très grand crédit des banquiers Fugger, d'Augsbourg, dont la fortune devait beaucoup à l'ascension de sa maison. Approchant les membres de la Diète avec plus de discrétion que les Français, elle leur proposait, plutôt que des sacs d'or, des lettres de change à valoir sur la banque Fugger – mais à la condition que le neveu fût élu ! Cela laissait aux Électeurs tout loisir d'accepter l'or de François, puis de voter en faveur de Charles, afin que soit honoré leur billet... Marguerite leur en soufflait les prétextes : contrairement au roi de France, elle croyait aux vertus de la persuasion, et fit valoir auprès des margraves et des princes-évêques les avantages d'un roi d'Espagne éloigné, modeste, flamand de cœur et d'esprit, et surtout indépendant du pape. Car, chez des princes ouverts, de plus en plus, aux idées nouvelles de Martin Luther, l'insistance de Léon X à promouvoir la candidature française était un motif d'inquiétude.

Le jeu, pour les Électeurs, était de faire monter les enchères. Le jeune archevêque de Mayence se serait ainsi, dit-on, vendu six fois au plus offrant. Jusqu'où pourrait durer la comédie ? Le 28 juin 1519, les sept faiseurs de roi crurent se donner du temps en désignant au trône l'un d'eux, le vieux duc saxon Frédéric, dit le Sage. Ce surnom n'était pas vain, du reste : Frédéric déclina dans l'instant le redoutable honneur ! Alors Charles d'Espagne fut élu empereur et aussitôt proclamé. On imagine la joie du côté de Tolède, et l'abattement à Blois...

*

Au final, il semble que cette élection au trône du Saint Empire ait coûté à Charles plus cher qu'à François : environ deux tonnes d'or contre une tonne et demie ; à cette différence près que Charles, lui, était élu ! Pour François, la défaite prit des allures d'humiliation, et d'autant plus que sa campagne avait été voyante, provocante même. Bonnivet rentra de Francfort, pour le moins décontenancé. Son maître et ami venait de perdre une grande occasion. Un rêve immense était brisé : jamais la France des Capétiens ne renouerait avec l'empire de Charlemagne ; jamais le roi Très-Chrétien ne conduirait de croisade... L'heure n'était plus à l'euphorie alexandrine et aux rêveries léonardiennes, mais au réveil et au paiement des dettes. Quant à François lui-même, il s'était trouvé, en la personne de Charles Quint, un ennemi pour le reste de son règne. Un bras de fer épique venait de s'engager contre la maison d'Autriche ; il durerait des siècles. En somme, un cap avait été fixé à Richelieu, à Talleyrand, à Clemenceau.

2

Royal impair

Voici l'un des plus grands déploiements de faste de l'histoire de France. Jamais encore on n'avait vu tel concours de richesse ; jamais par la suite on n'en reverrait de semblable. Ni le Grand Carrousel de Louis XIV, en juin 1662, ni le couronnement de Napoléon, en décembre 1804, ni même les différentes Expositions universelles n'égaleraient en splendeur le très fameux camp de juin 1520, connu sous le nom de Camp du Drap d'or.

Le principe d'une rencontre entre les rois de France et d'Angleterre avait été admis de longue date. Mais la concertation devenait nécessaire, du fait des bouleversements provoqués en Europe par l'élection du roi d'Espagne au trône du Saint Empire. De quatre puissances dominantes, on s'acheminait vers trois – dont l'Angleterre, en position d'arbitre. À coup sûr, Henri VIII scrutait le rapport des forces entre Charles Quint et François Ier ; restait à savoir s'il opterait pour la neutralité ou s'il irait jusqu'à soutenir l'un contre l'autre. Dans cette perspective, le Valois devait pousser son avantage : allié au Tudor depuis plus d'un an, il avait beau jeu d'attiser sa méfiance envers le Habsbourg… Rappelons que les trois souverains étaient alors dans la fleur de leur âge : Henri avait tout juste vingt-neuf ans, François, vingt-six à peine, Charles, seulement vingt ! Ils n'étaient pas encore ces hommes barbus, rassis – voire infirmes – dont la postérité a fixé l'image.

Dès janvier 1520, François Ier pria donc le cardinal Wolsey, chancelier d'Angleterre, d'organiser enfin cette entrevue franco-anglaise. Le point de rencontre choisi, en Picardie, révélait d'emblée l'essentiel : la rencontre se ferait sur un pied de stricte égalité. Pas de puissance invitante ; les deux rois se rejoindraient en terrain neutre, à mi-chemin de Guînes, ville anglaise, dépendance de Calais, et d'Ardres, ville française. On alla jusqu'à remodeler l'endroit en y pratiquant des rampes et des terrassements : les souverains, arrivant de part et d'autre du vallon, devaient avoir à parcourir la même distance exactement, à hauteur égale.

Tout de suite, Wolsey montra qu'il entendait donner quelque pompe à la circonstance. Il dépêcha sur le continent plusieurs milliers de manœuvres – six mille, au bas mot – dont deux mille affectés spécialement à l'édification d'une sorte de palais d'été. Fait de toile peinte montée sur des châssis de bois à partir d'un socle de brique, ce château de contes de fées arborait tourelles et murs crénelés, comme en Oxfordshire ; mais ce qui surtout frappa les contemporains, ce furent ses baies vitrées à carreaux soufflés, conférant aux intérieurs une clarté encore jamais vue. « La moitié de la maison était toute de verrine », s'extasie dans ses *Mémoires* le maréchal de Florange, compagnon d'armes de François.

Du coup, le roi de France crut devoir surenchérir. Un palais de bois fut envisagé de ce côté-ci – mais on était pris de court et il fallut y renoncer... Le grand maître de l'artillerie reçut alors pour mission de concevoir un magnifique, un somptueux camp militaire et d'enrichir ses tentes rondes d'ornements conçus par d'habiles dessinateurs – dont un disciple de l'enlumineur Fouquet ! On imagine tout le raffinement de motifs empruntant aux grandeurs romaines, au bestiaire fantastique, à l'héraldique, à la chevalerie... Le roi de France allait pouvoir entrer de plain-pied dans ces romans courtois qui peuplaient ses songes. Son rêve devenait réalité ; il allait être vraiment le maître des griffons et des chimères.

S'érigea dès lors, dans une frénésie d'efforts et de dépenses, une ville de tentures et de riches étoffes – velours brodé, brocarts, draps d'or et d'argent... Partout des blasons, partout des devises. Au centre, la tente du roi, surmontée d'un saint Michel tutélaire, était doublée de brocart d'or à fleurs de lys. « Il n'y avait pas à plaisanter, écrit Michelet ; on venait de manquer l'Empire ; on voulait se relever. Le brillant fat, l'amiral Bonnivet, revenant à vide et joué de son ambassade impériale, pour se venger de sa déroute voulut éclipser tout ; son frère et lui levèrent, pour venir à la fête, une espèce d'armée de quelque mille chevaux. »

Cependant que Charles Quint, exclu de ladite fête, s'en inquiétait beaucoup. Il lui fallait parler d'urgence au roi Henri, le dissuader, s'il en était temps encore, de s'engager dans quelque aventure nuisible avec les Français. Il résolut de voguer vers l'Angleterre ; mais les vents lui résistèrent, ils retinrent ses vaisseaux dans le port de La Corogne ! Angoisse de l'empereur élu, qui envoie message sur message au roi d'Angleterre – son oncle par alliance – le suppliant de surseoir au départ... À Canterbury, Henri s'impatiente : s'il retarde sa traversée, son épouse, enceinte, risque de n'être plus en état de partir. Finalement, les vents tournent, les vaisseaux espagnols prennent la mer – enfin ! Charles, brûlant les étapes, sera dans le Kent à temps pour y fêter la Pentecôte avec Henri. Les deux souverains se parlent, s'entendent ; or, l'empereur va plus loin : il convainc sans doute, il corrompt sûrement le cardinal Wolsey – et l'on promet de se revoir du côté de Calais, sitôt soldée l'entrevue picarde…

*

Le jeudi 7 juin 1520, jour de la Fête-Dieu, au son des canons de parade et des trompes, l'avant-garde de François – le gros de sa Cour était encore en terre de France – rencontra l'avant-garde d'Henri, dont la suite était toujours en l'enclave de Calais. Les deux souverains, escortés chacun de quatre cents gardes, chevauchèrent à la rencontre l'un de l'autre. De nouveau, Florange : « Ainsi s'approchèrent l'un de l'autre et quand furent près, donnèrent des éperons à leurs chevaux, comme font deux hommes d'armes quand ils veulent combattre à l'épée, et au lieu d'y mettre les mains, chacun d'eux mit la main à son bonnet et aussi tôt l'un que l'autre et s'embrassèrent et accolèrent très doucement, puis descendirent de cheval et, derechef, s'accolèrent. Ce fait, se prirent dans les bras pour entrer dans le beau pavillon tout tendu de drap d'or. » Pas de témoin sous cette tente, sinon Wolsey et Bonnivet. On a rapporté cependant un petit incident touchant. Depuis Édouard III, les rois d'Angleterre portaient – assez vainement du reste – le titre de « roi d'Angleterre et de France ». Cela restera jusqu'au XVIIIe siècle. Le jour de la rencontre, alors qu'on détaillait la titulature d'Henri VIII, furent donc prononcés les mots « roi de France » devant le *vrai* roi de France. « Passons là-dessus, aurait dit gentiment le roi d'Angleterre ; c'est un mensonge. »

Dès lors, et deux semaines durant, devaient se succéder à haut rythme festins, bals et tournois. Les joutes de chevalerie commencèrent en effet dès le 9 juin. À considérer la place qu'elles occupaient dans le programme, on aurait pu imaginer qu'elles étaient la raison d'être du Camp du Drap d'or. Et, de fait, la plaine entière, sur plusieurs hectares, était couverte de lices. Or, à mesure que se défiaient chevaliers *tenants* et *venants*, c'est tout le non-dit de la rencontre, et tout son sens caché qui se dessinaient en filigrane, insidieusement pour ainsi dire. L'affrontement pouvait revêtir les dehors d'une joute fort civile ; il n'en mettait pas moins aux prises deux noblesses, deux peuples, deux nations que tout opposait depuis toujours – les ennemis d'une guerre de Cent Ans encore fraîche dans les mémoires. De sorte qu'aux assauts des chevaliers répondaient ceux des diplomates, mais aussi des musiciens, des cuisiniers, des décorateurs… Le fond de ce Camp du Drap d'or, c'est que chacun des deux pays s'y était ruiné en frais somptuaires, épuisé à paraître et à éclabousser. Triste escalade, en vérité, dérisoire étalage. Georges Minois, dans sa biographie d'Henri VIII, évoque la formidable logistique déployée, côté anglais, pour satisfaire quelque cinq mille invités exigeants. « Des centaines de lourdes tentes, des tapisseries luxueuses, du mobilier, de la vaisselle d'argent, deux mille quatorze moutons, sept cents congres, cinquante deux hérons, quatre boisseaux [une cinquantaine de litres] de moutarde furent acheminés vers Calais », écrit-il. Or, les Français n'étaient pas en reste.

La nature – d'aucuns diraient la Providence – se charge, de temps en temps, de rappeler aux grands leur condition mortelle ; elle les meurtrit dans leur vanité. Ce « palais de verre », ces tentes de brocart, un vent terrible se leva pour les briser et pour les arracher. Ainsi le prodigieux bivouac de François Ier s'effondra-t-il sous les assauts de la bourrasque ; et l'on vit, dans un affolement bien ridicule, tout un peuple de serviteurs s'arc-bouter aux drisses de soie rouge comme des marins de théâtre, en pleine tempête, essayant en vain de maintenir debout leur palais d'étoffe…

*

En dépit de tout, des amitiés se firent jour entre les deux camps. Allaient-elles aider à cimenter l'entente naissante des ennemis d'hier ? C'est ici que les princes avaient un rôle à jouer ; et c'est ici que le roi de France fit échouer la rencontre. Car François ne sut pas déceler, sous la fausse bonhomie d'Henri, le personnage impulsif, retors, égocentrique, par-dessus tout autoritaire – en un mot, le tyran. S'il en avait eu conscience, peut-être aurait-il amendé son comportement, sûrement n'aurait-il pas pris le risque d'aller chatouiller la susceptibilité, toujours à vif, de l'ogre Tudor… Mais François n'eut conscience de rien ; spontané, volontiers jovial, il jugeait les autres à son aune, et s'imaginait que l'on trouverait drôle, forcément, ce qui l'amusait lui-même. C'est ainsi qu'il se mit en tête de jouer un bon tour à Henri.

À l'aube du 17 juin, il se rendit seul, à cheval, dans le camp des Anglais ; revêtu d'une cape espagnole, il déconcerta la garde et surprit au lit le roi d'Angleterre dont il se déclara le prisonnier ! L'autre, étonné, rit, ou fit semblant de rire ; il offrit un superbe collier à François qui lui remit un bracelet en échange et lui tendit sa chemise. Ce matin-là, les deux rois assistèrent à la messe, côte à côte... Et quelques jours après, ce fut au tour d'Henri d'aller surprendre le roi de France en son particulier.

En vérité, les deux monarques s'amusaient moins qu'ils ne rivalisaient – tant l'un et l'autre n'avaient d'yeux que pour les dames des deux suites. On joutait devant les dames, on dansait devant les dames et c'est encore devant les dames qu'on faisait assaut d'esprit et de drôlerie. À tous ces jeux, François dominait sans nul doute ; or, il n'eut jamais l'intelligence de laisser briller l'autre. Henri, piqué, soucieux peut-être de surpasser son rival d'une manière quelconque – ne venait-il pas de rencontrer Anne Boleyn au sein de la délégation française ? –, proposa donc, hors de tout cadre, l'épreuve d'une lutte à mains nues ! François n'avait ni sa force, ni sa carrure, ni son poids. Il aurait dû décliner l'offre – mieux : il aurait pu en profiter pour offrir au roi d'Angleterre un triomphe à bon compte. Devant les dames...

Au lieu de quoi, il fit preuve d'adresse et d'agressivité ; il eut recours, dit-on, à une « botte de Bretagne » et, d'un simple effet de jambe, fit choir son adversaire. Le roi d'Angleterre s'effondra lourdement, tel un géant terrassé. Notons que les archives anglaises ne mentionnent pas l'incident.

Désastre. Par maladresse et fierté mal placée, aussi par défaut de finesse, François était tombé dans le piège insensé d'un combat singulier entre rois – une lutte au corps à corps ! Il avait défendu son orgueil au détriment des intérêts vitaux du royaume. Il avait, en un court moment, anéanti les efforts consentis, des semaines durant, par des centaines de loyaux sujets. « Qu'eût fait un politique ?

se demande Michelet. Il eût refusé, ou serait tombé. François ne fut point politique ; il oublia le but de l'entrevue. Il songea au *qu'en dira-t-on* ?, aux femmes, et d'un malheureux croc-en-jambe il mit son homme par terre. » Ainsi que le beau projet d'une entente franco-anglaise, serait-on tenté d'ajouter... Calamiteux croche-pied, aux conséquences terribles pour la France !

Les biographes actuels en doutent, certes ; ils relativisent le poids de l'anecdote, et contestent l'importance de l'humiliation publique infligée au roi d'Angleterre. « Ne voyons pas dans cet épisode la cause future des conflits, estime par exemple Jean Jacquart. C'est avant d'arriver à Guînes qu'Henri et Wolsey avaient choisi leur camp. Et ce n'était pas celui du Drap d'or. » Il est permis de penser autrement, et d'estimer que cet impair pesa, dans la balance, d'un poids royal. Certains petits faits, légers en apparence, infléchissent le cours des événements ; et révérence gardée aux tendances de fond et aux rapports de force, ce serait nier, me semble-t-il, la responsabilité des puissants que de tenir toujours leurs faux-pas pour véniels.

Certes, au dernier soir de la rencontre, les deux Cours redoublèrent de politesse. Cependant le malaise était palpable, à présent. Non sans froideur, Wolsey célébra une ultime grand-messe en plein air, en présence des deux rois et de leur entourage, de cinq cardinaux, d'une dizaine d'évêques... Les deux chapelles réunies entonnèrent des hymnes de concorde et d'amitié – mais désormais tout cela sonnait faux.

*

Deux semaines plus tard, Henri retrouva son neveu Charles à Gravelines. Le jeune empereur se montra aussi modeste que François était orgueilleux, aussi respectueux qu'il était arrogant, aussi discret qu'il était tapageur, aussi attentionné qu'il était imbu de son importance. Henri se laissa facilement séduire par ce jeune esprit politique, et d'autant plus que son chancelier, le cardinal Wolsey, trouvait lui-même tous les mérites à cet empereur et roi catholique, bien capable un jour de le propulser sur le trône de Saint-Pierre… On scella vite un pacte, le traité de Calais, qui ôtait toute force, retirait toute substance à celui signé la veille avec François Ier.

Le roi de France en fut-il marri ? Nullement. Déjà il vaquait à d'autres plaisirs et, inspectant sa côte normande, était de nouveau tout à ses dames, à ses chevaux et à ses chiens. L'été n'est pas une saison pour s'encombrer l'esprit.

3

Grenouillage et tripatouillage

L'année 1521 s'ouvrit sur un mauvais présage. Le jour de l'Épiphanie, alors que l'on tirait les Rois à Romorantin, chez Madame, une simple bataille de boules de neige avait dégénéré. La petite bande du roi « assiégeait » l'hôtel de Saint-Pol, quand un tison, droit sorti d'un foyer ardent, fut jeté d'une fenêtre à l'étage, d'où il vint percuter François à la tête. La victime, brûlée, choquée, fut relevée presque morte, et devait mettre deux mois à recouvrer la santé. On voulut savoir qui avait jeté le tison maudit ; le roi, semi-conscient, murmura : « Ne cherchez pas ! Si j'ai fait cette folie, il faut que j'en boive ma part. » Il semblerait cependant que le coupable fût un certain Montgomery dont le fils, quatre décennies plus tard, tuerait en duel, accidentellement, le roi Henri II ! Singulier karma familial... Au registre de l'anecdote, ajoutons que c'est pour cacher sa blessure que, dorénavant, François Ier arbora le fameux collier de barbe qu'allaient porter, à sa suite, tant de grands hommes du XVIe siècle.

On peut trouver étrange que le roi de France ait pu être victime d'un aussi stupide jeu de potaches. Mais il faut faire la part de l'âge, la part aussi de cette bonhomie héritée de la vieille monarchie française. Cela devait changer, du reste ; et c'est dans le même temps que fut instaurée la fameuse étiquette qui, plus tard, sous Henri III puis Louis XIV, devait prendre l'importance que l'on sait. Les révérences, la distance, l'adresse à la troisième personne, tout cela fut créé pour le roi François – de même que ce prédicat de Majesté qui devait, pour des siècles, mettre tant de distance entre le monarque et ses sujets, jusqu'aux plus distingués.

Il faut enfin, pour mieux comprendre l'incident, faire la part, comme au Camp du Drap d'or, du souci permanent qu'avait ce roi d'amuser les dames... On ressasse le célèbre mot du roi, comparant « une cour sans dames » à « un jardin sans belles fleurs ». Pour François, elles étaient – je pèse le terme – une manière d'obsession. Le chroniqueur Brantôme – dont, certes, il faut prendre les récits avec des pincettes – affirme que ce prince « voulait fort que l'on portât aux dames un grand honneur et respect, et qu'il ne voulut point qu'on en médît dans sa cour ». Ainsi narre-t-il l'emportement de François envers un certain Prisambourg, gentilhomme servant, qui s'était permis des propos salaces à l'encontre des « vestales de sa petite bande ». Le roi, à qui l'on avait rapporté ces ragots, soudain ivre de rage, avait ordonné à ses archers d'arrêter Prisambourg et de le pendre sans délai ! Le gentilhomme, nous dit Brantôme, n'avait dû son salut qu'à la fuite, tandis que le monarque assurait à la cantonade que « quiconque toucherait à l'honneur des dames, sans rémission serait pendu ». Voilà un galant bien intraitable – du moins en apparence... Car la vérité, c'est que les dames de la petite bande du roi n'avaient plus guère de vertu à défendre, et que François, si attentif à leur réputation morale, l'était moins, nettement, lorsqu'il s'agissait de la préserver au physique ! Ce que nous révèle l'anecdote, en fin de compte, c'est surtout l'hypocrisie phénoménale d'un système de cercle, de bande – presque de harem – propice à toutes les vilenies.

Or, dans sa fausse naïveté, l'auteur des *Dames galantes* va plus loin. « J'ai ouï parler, raconte-t-il, que le roi François, une fois voulut aller coucher avec une grande dame de la cour, qu'il aimait, il trouva son mari l'épée à la main, qui l'allait tuer ; mais le roi lui porta la sienne à la gorge, et lui commanda sur la vie de ne lui faire nul mal et que s'il lui faisait la moindre chose, qu'il le tuerait, ou qu'il lui ferait trancher la tête : et pour cette nuit l'envoya dehors, et prit sa place. [...] Le mari ne lui osa rien dire [à la dame], ainsi lui laissa du tout faire à sa guise. J'ai ouï dire que non seulement cette dame, mais plusieurs autres, obtinrent pareille sauvegarde du roi. Comme font ces femmes, celles de ces grands rois au-devant de leur cas ; si bien que leurs maris ne leur osaient dire mot, qui sans cela les eussent passées au fil de l'épée. » S'il est délicat de juger un comportement sur des ouï-dire – surtout venant de Brantôme – il me semble instructif, pour le moins, que le chroniqueur, dont l'aïeule avait tout de même servi à la Cour, trouve naturel de présenter le Grand Roi François sous les traits d'un Sardanapale, ou dans l'attitude d'un chef de horde mongole ! Cela dit assez le scandale d'un comportement que le plus gaulois de nos auteurs semble n'excuser qu'à peine.

*

Bien que le roi ait donc puisé sans vergogne au vivier de la petite bande, il lui était venu fantaisie d'entretenir, sous les yeux de la pauvre reine Claude, une maîtresse déclarée. Peut-être s'autorisait-il en cela de l'exemple de Charles VII, au siècle précédent – mais Charles n'avait pas vraiment imposé son Agnès à la reine Marie d'Anjou... François, lui, était de trempe à ne s'embarrasser de rien. L'élue était issue de l'illustre maison de Foix, qui jadis avait donné Gaston Phébus au Béarn. Mariée très jeune au comte de Châteaubriant, la belle, brune, délicate Françoise avait, dit-on, résisté assez longtemps au roi pour faire naître chez lui des sentiments plus forts que de coutume.

Parenthèse : plus que Charles VII, c'est donc bien François Ier qui institua cette curieuse fonction de la favorite en titre, scrupuleusement observée par Henri II, Henri IV, Louis XIV et Louis XV notamment, et qui devait faire école à travers les cours d'Europe... Faut-il lui en savoir gré, et compter cette innovation au nombre de ses bienfaits ? Chacun jugera.

Il semble que Françoise de Châteaubriant ait eu, auparavant, une galanterie avec Charles de Bourbon, qui s'en serait vanté ; ce pourrait être l'origine de sa défiance envers le connétable qu'elle concourut, avec Madame, à rendre insupportable au roi. On sait aussi qu'elle trompa ce dernier avec le fidèle – ou infidèle – Bonnivet, ce qui l'aurait, dit-on, perdue dans l'esprit de Louise de Savoie. L'on ne peut rien affirmer en ces matières... Ce qui est certain, en revanche, c'est que la comtesse, quoique de nature plutôt simple et discrète, était des plus intéressée, et qu'elle n'eut de cesse de faire pleuvoir le plus possible de bienfaits et d'avantages sur elle et sur sa famille ; la dame n'était certes pas ennemie du grenouillage... Elle avait trois frères, à la Cour « Messieurs de Foix » : Odet, seigneur de

Lautrec, Thomas, seigneur de Lescun et André, seigneur de Lesparre.

Les trois furent impliqués dans la guerre qui s'ouvrit en 1521.

Pour commencer, d'accord avec François Ier, Lesparre avait envahi la Navarre, au moment même où Robert de La Marck – le père de notre Florange – prenait possession du Luxembourg. Conquêtes éphémères ; mais c'étaient de suffisantes provocations pour entraîner l'empereur au conflit. Le pape Léon X ayant accordé à Charles l'investiture de Naples, le duel principal ne pouvait que se jouer en Italie. Les deux souverains commencèrent par s'affronter dans le Milanais. Je passe sous silence le simulacre de conférence de paix qui se tint à Calais et mit aux prises, sous l'arbitrage un peu las du vieux Wolsey, deux diplomates qui, au vrai, l'étaient fort peu : Duprat pour François Ier, Gattinara pour Charles Quint.

À la tête des troupes françaises en Milanais se trouvait alors le frère aîné de la favorite : Lautrec – en remplacement du connétable. Trois ans plus tôt, quand il était venu prendre ses quartiers à Milan, le tout nouveau maréchal de Lautrec y avait trouvé le vieux maréchal de Trivulce, compagnon d'armes de Charles VIII et de Louis XII, héros d'Agnadel, de Novare et de Marignan. Le nouveau venu, rongé de l'inquiétude des favoris, avait pris ombrage de la vénération qui entourait, en Lombardie, l'illustre soldat. Il fit en sorte que sa sœur le desservît auprès du roi, et se montra, sur place, assez odieux pour exaspérer le vieillard. Trivulce exige réparation des humiliations subies. En plein automne, il se met en route pour la France, traverse les Alpes, remonte le Rhône et rejoint la Cour pour en appeler au jeune souverain.

Mais François, prévenu par sa maîtresse, lui ferme ses portes... Le vieux maréchal ne se laisse pas désarçonner ; avant une messe, il vient se poster directement sur le passage du roi – qui affecte de ne pas le voir ! Outré, choqué de tant d'ingratitude, le malheureux rentre chez lui et se couche, déjà pris d'une fièvre ardente. La chronique veut que, au moment de mourir, il ait fait poser près de lui son épée nue, et l'ait tenue comme on porte un crucifix.

Qu'importait au clan des Foix ! Le deuxième frère, Thomas, seigneur de Lescun, postula aussitôt pour l'emploi de maréchal, laissé vacant par le vieux monsieur mort de rage. Il l'obtint, devint le maréchal de Foix, rejoignit à Milan l'aîné qu'il se mit à remplacer à l'occasion. Dans la population locale, les frères de la favorite française eurent fort mauvais renom – et d'autant plus qu'ils gouvernaient en tyrans et multipliaient les bannissements à l'encontre de Lombards, suspectés de fomenter contre eux. Une révolte gronda, elle se focalisa sur Lescun, alors aux commandes ; Lautrec accourut à sa rescousse, sema la terreur, fit décapiter un notable local d'illustre parage... C'était déjà presque la révolution. Les Français furent honnis, conspués, le nom du roi François partout exécré au-delà des Alpes. Était-ce une bonne façon de préparer la guerre ?

La belle Françoise commençait à comprendre que la faveur ne va pas sans alarmes... Au printemps 1522, elle paraissait la source de toutes les calamités. Son mari, Châteaubriant, était accusé de n'avoir pas assez bien fortifié Mouzon, dans les Ardennes. Son frère Lesparre venait d'être fait prisonnier en Navarre « par faute d'ordre et diligente conduite ». Son frère Lescun avait dû capituler dans Crémone assiégée. Son frère Lautrec, n'ayant fait qu'attiser la révolte des Milanais, se trouvait à présent en fâcheuse posture : ses seize mille mercenaires suisses n'étaient point soldés ; ils exigeaient de se payer sur le pays. « Argent, congé ou bataille ! » hurlaient-ils. Le maréchal de Lautrec tenta vainement de leur faire entendre raison ; puis il finit par céder. Le 29 avril, il attaquait le camp du prince Colonna, établi sur une propriété de campagne, la Bicoque – le nom devait faire florès... « Attaquer la Bicoque était une folie, et Lautrec le savait », estime Robert J. Knecht. « L'issue était prévisible : lors de l'assaut frontal contre le camp impérial, les Suisses se heurtèrent à un barrage meurtrier d'artillerie. Ceux qui avaient échappé au tir des canons étaient transpercés par les arquebusiers. On estime à trois mille le nombre des victimes. Les survivants se hâtèrent de rentrer au pays. »

*

Pour le clan des Foix, le glas venait de sonner. Mais il faut rendre à Lautrec cette justice, qu'il n'avait pas été soutenu. « Il était malheureux, écrit le stratège Montluc – employant le terme au sens propre de *malchanceux* – et mal secouru du roi après qu'on l'avait engagé. » C'est révéler sans fard la raison de fond de cet échec : François Ier négligeait volontiers les hommes qu'il envoyait combattre en son nom, de même qu'il oubliait de leur faire parvenir l'argent qu'il leur avait promis. Lautrec avait perdu le Milanais, mais il expliquait que lui avaient manqué, pour solder ses troupes, quelque quatre cent mille livres promises par la Couronne ! Où donc était passée cette somme ?

« Dans les caisses de Madame ! » répondit le baron de Semblançay, surintendant, que l'on sommait de s'expliquer. L'inspection des comptes de ce grand commis allait du reste démontrer que le roi devait alors quelque neuf cent mille livres au surintendant, qui lui-même, administrateur de la fortune privée de Madame, lui devait environ sept cent mille livres. Il n'était donc pas choquant, en soi, que la mère du roi ait souhaité récupérer une part de son dû, en se faisant affecter, en versement compensatoire, les quatre cent mille livres issues des caisses du Trésor. Mais le moment où elle l'exigea, et les circonstances de ce qui peut passer pour un détournement n'en donnent pas moins à gloser sur ses motivations cachées. Madame aurait voulu piéger Lautrec et, par là, desservir la favorite, qu'elle ne s'y serait pas prise autrement ! Il est vrai qu'elle désapprouvait de tout son être les campagnes ruineuses conduites en Italie par son fils.

En vérité, ces trois guerres, menées de front, les frais de la diplomatie calaisienne, le reliquat de dépenses du Camp du Drap d'or, pour ne rien dire du train inouï de la nouvelle Cour, tout cela coûtait au royaume bien plus qu'il n'y pouvait fournir. Les augmentations d'impôts – de quatre cent mille à six cent mille livres par an depuis le début du règne –, les aliénations de plus en plus larges du domaine royal, la mise en vente d'offices créés par le roi, le recours – inédit jusque-là – à l'emprunt public, rien n'y faisait. Les prévisions pour l'exercice 1523 envisageaient trois millions deux cent mille livres de recettes pour... huit millions six cent mille livres de dépenses ! Il fallait admettre que le nouveau souverain et sa mère étaient ce qu'en ménage on appelle des paniers percés.

Perdante à toutes les parties, Louise ne se laissa pas démonter ; elle tira même profit de la situation pour changer les règles du jeu – à son avantage ! Jusqu'alors, les revenus de l'État avaient été administrés séparément de ceux du domaine de la Couronne. Les premiers avaient toujours servi à couvrir les dépenses publiques, tandis que les seconds allaient aux besoins du prince et de sa famille. Charles VII, par une ordonnance de septembre 1443, avait réaffirmé ce principe : un receveur général des revenus de l'État était comptable des deniers publics devant la Chambre des comptes, alors qu'une Chambre du trésor gérait ce qui revenait à la famille royale. Coup de théâtre : à la faveur des nécessités du moment, la mère de François Ier entreprit de faire voler en éclats cette salutaire distinction, et de permettre aux siens de faire main basse, au-delà du domaine royal, sur les revenus mêmes de l'État !

Ainsi fut établi un second trésor qui prit le nom de Trésor de l'Épargne. L'édit de création explique que le roi, « ayant vendu plusieurs terres du domaine, créé et vendu des offices, emprunté à intérêt à des étrangers, et sans intérêt en France, perçu des droits d'amortissement pour acquisitions faites par des gens d'Église, retranché sa dépense, fondu sa vaisselle, accru les charges du peuple, éprouva que le produit de ces diverses opérations n'était ni constant ni facile à connaître, à raison des différentes mains employées à les consommer ». En conséquence, il trouvait « utile d'établir pour la suite un trésorier de tous les deniers casuels et inopinés qui pourraient lui échoir à l'avenir, pour les mettre et tenir en épargne ». Faut-il préciser que ce tout nouveau Trésor de l'Épargne avait vocation à envahir, au plus vite, la recette générale, et à mettre, à terme, la famille royale en position de disposer à sa guise des fonds prélevés sur le royaume ? La pratique s'en prolongerait jusqu'à la Révolution, avec les abus que l'on sait...

Pour mettre en œuvre son coup d'État financier, la mère du roi nomma un trésorier de l'Épargne, en la personne de son vieil ami – amant, diront certains – Philibert Babou, sieur de La Bourdaisière, bourgeois d'Angoulême, totalement dévoué au petit clan. Notons que ledit La Bourdaisière, en tant que trésorier de France, avait administré, jusqu'alors, les revenus privés du domaine ! La confusion était totale, et forcément volontaire... Désormais, sur simple « mandement du roi » – entendez : un billet signé de sa main – il fut loisible à Madame de disposer sans contrôle de l'essentiel des fonds publics. On pouvait lui faire confiance pour ne pas s'en tenir à ce premier tripatouillage, et pour l'étendre aux entrées et sorties de sa cassette personnelle...

« Il restait à mettre au pas, dit Jean Jacquart, l'oligarchie financière que le souverain, oublieux de ses propres fautes et des mauvais conseils suivis, rendait largement responsable de la défaite. » Les quatre trésoriers de France périrent avec l'ancien système, et leur emblème tout le premier. Louise de Savoie nourrissait un grief personnel envers le baron de Semblançay, coupable à ses yeux d'avoir révélé l'affaire des quatre cent mille livres. Elle le poursuivit de sa hargne, et le fit arrêter après plusieurs années. Les magistrats affectés à sa perte – est-il besoin de préciser qu'il fut jugé par une commission spéciale ? – ne manquèrent pas de le condamner à mort, laissant au roi le plaisir morose de faire grâce – ce qu'il se garda bien d'accorder... De sorte que le vieux baron, victime expiatoire, paya pour tout le monde. Il fut conduit au gibet de Montfaucon par le lieutenant-criminel Maillart ; en chemise, comme un vulgaire brigand ! Le funeste cortège n'avança qu'au milieu d'une foule en larmes, qui soutenait le vieux commis et dénonçait la méchanceté royale. « Il fut fort plaint et regretté du peuple, lequel eût bien voulu qu'il eût plu au roi de le sauver », écrivit le parlementaire Nicolas Versoris qui livrait la morale de l'affaire : « Service de seigneur n'est pas héritage, ni grâce éternelle... »

Il appartiendrait à Clément Marot d'immortaliser, en vers fameux, l'injustice de cette exécution :

Lorsque Maillart, juge d'Enfer, menait
À Montfaucon Semblançay l'âme rendre,
À votre avis, lequel des deux tenait
Meilleur maintien ? Pour le vous faire entendre,
Maillart semblait l'homme que mort va prendre
Et Semblançay fut si ferme vieillard
Que l'on croyait, pour vrai, qu'il menât pendre
À Montfaucon le lieutenant Maillart.

4

Le cas du connétable

L'histoire de la défection de Charles de Bourbon est souvent relatée de manière incomplète et orientée. Que le héros de Marignan, cousin et familier du roi, de surcroît premier soldat de France, ait pu retourner son épée contre celui qui l'avait fait connétable, puis ait couru la mettre au service de son ennemi, voilà ce qui, depuis des siècles, indigne les Français – à bon droit. Mais, comme presque toujours lorsqu'on y regarde de près, les choses se révèlent en vérité moins simples qu'au premier abord. D'où l'intérêt de s'attarder un peu sur les raisons d'une si fracassante félonie, en restituant les premiers rôles aux deux femmes qui, dans l'ombre ou la pénombre, décidèrent de tout.

*

La première fut Anne de France, entrée sur la scène de l'Histoire sous son nom d'épouse : Anne de Beaujeu. Elle était la fille adorée de Louis XI, qui lui avait décerné le titre de « moins sotte femme qui fût en France » et ajoutait galamment : « Car, de sage, je n'en connais point… » Son père lui avait donné pour époux un cadet de la maison de Bourbon, Pierre de Beaujeu, pour dot des fiefs immenses en apanage – chose impensable au profit d'une fille – et pour legs la régence du royaume, qu'elle exerça sans faiblir durant les jeunes années de son petit frère, Charles VIII.

Anne et Pierre de Beaujeu n'avaient qu'un enfant, une fille de surcroît, et peu valide : Suzanne. En l'absence d'héritier mâle – cette branche de la maison de France venant donc à s'éteindre – leur apanage aurait dû faire retour à la Couronne ; c'était une loi fondamentale du royaume, d'ailleurs rappelée dans le contrat de mariage de la fille de Louis XI. Seulement ni Charles VIII ni Louis XII n'avaient eu le cœur, en temps utile – ou le courage – d'affronter là-dessus l'ancienne régente. Ayant marié sa fille à Charles de Bourbon-Montpensier – un Gonzague de Mantoue par sa mère –, Anne ne manqua pas d'estomac : elle prétendit transmettre aux nouveaux époux ces territoires issus de la Couronne ! Louis XII grimaça, sans doute, mais il laissa faire ; mieux : il fit du jeune marié l'un de ses capitaines, et finit par lui promettre l'épée de connétable. Promesse tenue par son successeur : nous l'avons vu, le titre fut conféré à Charles peu après l'avènement de François Ier, sur les instances de Louise de Savoie qui l'aimait beaucoup, ou qui tout simplement l'aimait.

Louise est la seconde femme de cette affaire. Michelet l'affirme, un peu seul sur ce point : « Tendre et crédule, malgré son âge, la Savoyarde se crut déjà sa femme, écrit-il, et lui mit au doigt son anneau. Cet anneau entraînait l'épée de connétable. À lui maintenant, avec cette épée, de se faire son chemin. » Il le fit, et de belle façon, jusqu'au champ de bataille de Marignan.

Cependant Suzanne, à l'instar de sa mère, s'avérait incapable de donner à son mari un héritier viable. Cela tournait à la malédiction. En décembre 1519, de plus en plus malade, elle en fut donc réduite à désigner son propre époux, le connétable, en tant que légataire universel... On devine sans peine, guidant cette main tremblante, la ferme poigne d'Anne de Beaujeu. Ainsi donc, le testament de la fille faisait du gendre et protégé, *de facto*, l'héritier du dernier grand fief de France. Car ce n'était pas un petit territoire que l'ensemble des possessions Bourbon. Sept ou huit provinces s'y trouvaient réunies : trois en apanage, donc, soit le duché d'Auvergne, les comtés de Clermont-en-Beauvaisis et de Montpensier ; deux autres qui, faute d'héritiers mâles, auraient dû aussi faire retour au roi, soit les duchés de Bourbonnais et de Châtellerault ; le reste en pleine possession, soit les comtés de Forez et du Beaujolais, et la baronnie des Dombes. Ainsi les terres qui, désormais, reconnaissaient le connétable pour suzerain, s'étendaient-elles de Confolens à Saint-Étienne et de Moulins au Puy, avec des enclaves à Châtellerault et Gien, et jusqu'à Clermont, près de Beauvais...

Cette réapparition tardive d'un petit royaume au cœur du grand rappelait forcément d'autres temps ; elle pouvait, sans exagération, passer pour un surgeon de la féodalité, comme un obstacle anachronique à l'installation de l'État moderne. Ironie de l'histoire : c'est la fille préférée de Louis XI, grand ennemi des féodaux devant l'Éternel, qui, après s'être battue elle-même pour l'unité du royaume, créait à présent les conditions de son éclatement...

La Couronne s'en émut ; et tout particulièrement Madame Louise, notaire ou tabellion dans l'âme, avec toujours quelques arrière-pensées en réserve, et qui conservait, de ses années de formation chez Anne de Beaujeu, un peu plus que de la rancœur à son égard. Tant que Suzanne avait encore un souffle de vie, la question, pour épineuse qu'elle fût, demeura théorique ; mais le jour où la malheureuse passa de vie à trépas – c'est-à-dire le 28 avril 1521 – s'ouvrit une succession qui évoquait la crise dynastique et engageait la raison d'État.

*

La tradition veut qu'au Camp du Drap d'or, regardant de biais le connétable de Bourbon, Henri VIII se soit penché vers François Ier pour lui glisser à l'oreille : « Croyez-moi : si j'avais un pareil sujet, je ne lui laisserais pas longtemps la tête sur les épaules. » Il est vrai que le roi d'Angleterre était trop jaloux de son autorité pour y laisser porter ombrage ; François, depuis toujours, était plus habitué à devoir partager sur ce chapitre… Le fait est qu'il n'aimait pas vraiment son cousin Bourbon et se méfiait plutôt de ce soldat ténébreux, mystérieux, aux discrétions de chat, encore plus cousu d'or qu'il ne l'était lui-même. Surtout, le roi de France avait pris l'habitude, sur ce sujet comme sur bien d'autres, de laisser opérer sa mère.

Madame attaqua sur deux fronts ; en avril 1522, à titre personnel, en tant que « plus proche parente de la défunte » – elle était par sa mère cousine germaine de Suzanne –, elle réclama l'ensemble des biens fonciers de la duchesse. Mais, en même temps, elle fit en sorte que, de son côté, la Couronne réclamât complète rétrocession de tous les apanages, cessibles seulement à des héritiers mâles. Les deux actions furent intentées devant le parlement de Paris, le connétable étant pair de France.

De cette double offensive, Charles de Bourbon ne fut peut-être pas le plus choqué. Sa belle-mère,

Anne de Beaujeu, en fut assurément outrée plus que lui, au point de n'y pas résister ; elle devait suivre sa fille dans la tombe, dès novembre de cette année-là. Cela retarda la procédure, de même qu'un voyage à Paris du connétable, armé de bonnes intentions. Son entrevue avec le roi fut franche, pour le moins, houleuse même ; mais il n'obtint nulle audience de Madame. Car, avec Madame, il n'était point d'accommodement possible. À l'issue d'une nouvelle année passée en procédures – la succession était énorme, et les dossiers touffus – un arrêt de séquestre fut pris par le Parlement, le 6 août 1523, à la grande satisfaction de Louise et de son fils, qui cherchaient justement des fonds pour partir en campagne. Pour Charles, cette confiscation brutale de ses fiefs et des revenus afférents fut un coup violent – peut-être le point de départ de ce qu'on devait appeler sa « trahison ».

*

Le terme est d'une telle gravité qu'il mérite qu'on s'y arrête un instant. Il est assez inévitable, lorsqu'on évoque les événements du passé, d'en juger avec nos mentalités actuelles, à la lueur notamment de ce que l'on sait du « sens de l'Histoire ». Les historiens qualifient ce travers de « téléologique » et, en principe, ils s'en méfient. En l'occurrence, vue de notre XXIe siècle, l'attitude consistant, pour le premier chef militaire d'un État, à tourner casaque et offrir ses services à l'ennemi déclaré dudit État, relève bel et bien de la trahison caractérisée. Mais si l'on fait l'effort de se placer, en ce début de XVIe siècle, du point de vue de Charles de Bourbon, il semble que les perspectives soient tout à coup différentes…

Cette affaire de fiefs, d'apanages, de suzeraineté, ne relève-t-elle pas, dans son essence, des anciennes coutumes féodales ? Ne participe-t-elle pas d'un système encore médiéval de fidélités croisées entre seigneurs et obligés ? Dans le monde féodal, lorsqu'un vassal est maltraité par son suzerain, il n'est ni choquant ni rare qu'il lui *retire sa foi* et la *porte* humblement aux pieds d'un autre. Certes, Charles savait qu'il ne vivait plus au temps de Saint Louis. Mais certainement il était – comme d'autres... – assez imprégné de notions chevaleresques pour se conformer à des us qui nous paraissent, à nous, d'un autre âge. Redisons qu'il jouait là son avenir et, d'une certaine manière, l'idée qu'il se faisait de son passé.

Il faut éviter cependant de présenter cette affaire uniquement comme la confrontation de deux visions du monde, moderne et royale du côté de François, archaïque et féodale de celui de Charles. Dans son originale biographie du connétable, Denis Crouzet souligne ce travers : « Une analyse causaliste est proposée, écrit-il, avec l'introduction d'un facteur téléologique, l'État "moderne", qui a conduit à comme présupposer la nécessité presque inéluctable d'un conflit entre la royauté et le représentant d'une culture aristocratique qui aurait été en voie de disparition parce qu'antinomique d'un processus de changement historique. » Rien ne permet, tout bien considéré, de dénier à Bourbon des visées politiques propres et, si l'on peut dire, *idéologiques* ; son projet n'était probablement pas plus réactionnaire qu'un autre. Mais il ne coïncidait pas avec ceux de la monarchie française.

Les liens suivis du connétable avec le roi d'Espagne – devenu empereur – n'étaient du reste pas nouveaux ; ils remontaient au moins à 1519.

Charles Quint, en politique averti, avait même épié la frêle santé de la duchesse, et caressé l'idée d'unir à sa famille le premier soldat de France… Un peu avant la mort d'Anne de Beaujeu – et cette coïncidence ne peut que nourrir les conjectures –, un fidèle de Bourbon avait rencontré, secrètement il va de soi, mais avec la caution du roi d'Angleterre, un envoyé de l'empereur, Beaurain. La rumeur d'un mariage espagnol était même revenue jusqu'aux oreilles de François, qui s'en était plaint à son cousin avec amertume. À mesure qu'avançait la procédure, et que le parlement de Paris donnait des signes d'allégeance à la Cour, les pourparlers avec Charles Quint s'étaient intensifiés. Pour Charles de Bourbon, deux fois veuf si l'on peut dire – sa brillante belle-mère l'ayant laissé cruellement seul –, il y allait de la survie de son domaine et du nom qu'il soutenait.

*

Le fatidique 11 juillet 1523, dans le donjon de Montbrison, se réunirent tous les complices du « passage à l'empereur ». Parmi eux se trouvait d'ailleurs un certain Jean de Saint-Vallier, père de Diane de Brézé – plus connue, on l'a vu, sous le nom de Diane de Poitiers. Un plan inouï fut échafaudé : on allait attendre que François Ier et son armée se missent en marche vers l'Italie ; aussitôt les Impériaux pénétreraient en France par le Languedoc, les Anglais par la Normandie ; et c'est alors que, prenant la tête de dix mille lansquenets envoyés d'Allemagne, le connétable attaquerait l'armée royale à revers, depuis la Bourgogne ; il devait au passage livrer Dijon à Charles Quint dont c'était le vœu suprême.

La suite appartient au roman picaresque. Deux hobereaux normands, informés par un émissaire des projets du connétable, s'en ouvrirent à leur confesseur qui, lui-même, prévint le sénéchal de Normandie. Celui-ci n'était autre que Louis de Brézé, époux de Diane de Poitiers et donc gendre du conjuré Saint-Vallier ! N'écoutant pourtant que son devoir, le sénéchal adressa des messagers à Madame et au souverain ; celui-ci fut averti le 17 août, alors qu'à la tête de l'ost royal il atteignait Saint-Pierre-le-Moûtier, à quelques lieues de Moulins. C'était justement la capitale du connétable qui s'y trouvait en résidence – ou plutôt en convalescence ; car on le disait tenu au lit par une forte fièvre. Jouant lui-même la comédie, le roi fit semblant de souffrir d'une jambe, le temps de réunir une troupe assez dense pour pénétrer sans risque dans Moulins. Incroyable, inimaginable entrevue du faux éclopé et du soi-disant malade, le roi feignant de croire en l'amitié du connétable, le connétable affectant de vouloir seconder le roi dans sa campagne italienne... Cela ferait l'argument d'une pièce de théâtre.

« Ce sont deux acteurs qui tous deux, visiblement en donnant à la rencontre un effet d'improvisation, ont cependant réfléchi à ce qu'ils vont faire et qui, dans leurs paroles et les effets mêmes de ces paroles, intègrent immédiatement les données plurielles d'un système de valeurs qu'ils cherchent à mettre à profit pour le mieux, écrit Denis Crouzet à sa manière. D'un côté, il y a un homme à la santé qui paraît plus que précaire, qui dément dans son corps les accusations possibles qui le soupçonnent de s'apprêter à devenir un chef de guerre dressé contre son roi. [...] De l'autre côté, il y a François Ier qui ne sait sans doute pas très précisément jusqu'où le connétable est allé dans sa *practique* [sa trahison] ou est prêt à aller face à lui et qui, en conséquence, ne sait pas bien lui-même jusqu'où il est en mesure de s'avancer dans son jeu de paroles et d'actes. »

Le roi, tout de même, évoqua les bruits de félonie qui lui étaient revenus, mais pour affirmer aussitôt qu'il ne leur accordait aucun crédit ; le connétable protesta de sa loyauté, tout en reconnaissant qu'il avait bien été approché par l'ennemi et avait pu être tenté, la colère aidant, de prêter l'oreille à certaines propositions impériales...

Sur le coup, François ne sévit pas ; il réserva son jugement et prit la route de Lyon, où il attendit Charles. Longtemps, très longtemps même : jusqu'au 5 septembre ! Deux semaines entières à mimer la confiance ! Rien n'est plus drôle, en vérité, que l'embarras de la plupart des biographes de François Ier devant cet attentisme flottant. Chacun lui cherche une excuse, aucun ne veut admettre la réalité : loin de sa mère, le roi ne savait à quel saint se vouer ! Nous l'avions connu vaniteux, déjà, et odieux, et gaffeur, et vénal ; il nous faut maintenant admettre qu'il pouvait se montrer quelquefois irrésolu, voire inapte à la décision.

Lorsque, enfin, François eut la certitude que Charles de Bourbon lui faussait compagnie, il se résolut à sévir. L'autre ne pouvait plus faire demi-tour ; seulement il constatait que ni les Anglais ni les Impériaux n'avaient encore envahi la France ! Henri VIII et Charles Quint demeuraient prudents, pour le moins ; le plan adopté n'était pas suivi. Même les lansquenets avaient du retard ; de sorte que le connétable, pour ne pas se retrouver piégé, dut s'enfuir nuitamment de la forteresse de Chantelle, et gagner celle de Carlat, dans le Cantal. Ses complices ne tarderaient plus à livrer de pénibles détails ; la chasse au traître allait commencer. Toujours le roman… Ainsi vit-on, à hauteur de Vienne, le puissant personnage, accompagné seulement d'un homme d'armes, se faire passer pour son valet afin de traverser le Rhône *incognito*. Par Chambéry puis Saint-Claude, il gagna les terres de l'empereur, et passa officiellement à son service le 9 octobre.

*

Entre-temps, le duc de Suffolk s'était enfin décidé à envahir la Normandie. Alors que ses troupes, nombreuses et brutales, approchaient de Paris, la capitale fut saisie de terreur. Le roi, depuis Lyon, délégua aux Parisiens son ami Philippe Chabot de Brion, et désigna le duc de Vendôme pour les défendre. Alarmes inutiles : les Anglais, voyant que rien ne marchait comme prévu, s'étaient déjà repliés sur Calais… À Paris, on respira ; mais la popularité du roi était singulièrement écornée. Plus étonnant : un courant de sympathie soutenait la défection de Bourbon ; ainsi peut-on expliquer, sans doute, l'aménité du Parlement, l'année suivante, lorsqu'il aurait à juger les complices du traître.

En attendant, plus question pour le roi d'aller franchir les Alpes ! François demeurait à Lyon, où l'on avait arrêté plusieurs fidèles de Bourbon, dont Saint-Vallier, le père de Diane de Poitiers. Interrogé, menacé de torture, le malheureux devait être, l'année suivante, condamné à mort ; il attendrait un long moment, sur l'échafaud, que l'épée de Justice détachât sa tête de son corps, avant de voir apparaître, inespéré, le messager de sa grâce. Cette mise en scène est parfois citée comme exemple de la clémence du roi ; est-il permis d'y voir plutôt un signe de sa cruauté ? Pour sauver son père, la belle Diane avait-elle dû payer de sa personne ? Certains chroniqueurs l'ont prétendu ; Victor Hugo l'affirmerait plus tard, dans son drame *Le roi s'amuse* ; mais bien plus qu'à sa fille, il est probable que Saint-Vallier ait dû son salut à son gendre, le sénéchal de Normandie.

*

Que devenait l'ancien connétable ? Bien accueilli par l'empereur, qui fit de lui son lieutenant général en Italie, il mûrissait à présent sa vengeance. Le 30 avril 1524, il remporterait la bataille du passage de la Sesia, près de Romagnano. C'est là que se situe le célèbre épisode de la mort du capitaine Bayard. Si l'on en croit les *Mémoires* de Martin du Bellay, Charles de Bourbon se serait approché du « Chevalier sans peur et sans reproche » et lui aurait lancé : « J'ai grand pitié de vous voir en cet état. » Réponse de Bayard : « Monsieur, il n'y a point de pitié pour moi car je meurs en homme de bien, mais j'ai pitié de vous, de vous voir servir contre votre prince, et votre patrie, et votre serment. »

On a vu, suivant Didier Le Fur, ce qu'il pourrait en être de toute la geste du Chevalier Bayard. Que cet ultime échange soit ou non véridique, il n'en traduit pas moins un sentiment répandu en son temps, et qui devait se généraliser plus tard : les vertus de patriotisme et de loyauté avaient trouvé leur incarnation en Bayard. Quant à Bourbon, il devait traîner pour sa part, dans la suite des siècles, la renommée d'un traître, d'un lâche et d'un fuyard.

5

Fors l'honneur

L'hiver 1523-1524 fut sinistre à la Cour et François Ier, malade, le passa sur la Loire, traînant ses idées sombres de château en château. L'y attendaient souvent de mauvaises nouvelles d'Italie, où les Français étaient malmenés par des Impériaux que renforçaient sans cesse de nouveaux soutiens : celui des Vénitiens, notamment… Ayant abandonné Verceil et Novare, les troupes royales avaient fini par repasser les Alpes et se trouvaient à présent poursuivies, dans l'intérieur même du royaume, par des ennemis commandés – comble de l'humiliation – par Charles de Bourbon en personne !

Le roi se mit en route vers la Provence au début de l'été ; or, il avait à peine passé Bourges que le rattrapait la nouvelle du décès de son épouse, la reine Claude, mère de ses sept enfants. La pauvre était morte en couches, affaiblie par une tuberculose osseuse. Certains ont avancé qu'elle succombait à un mal honteux transmis par son mari… Faut-il alors voir du remords dans les larmes publiques du roi ? C'est assez peu probable ; en tout cas, François ne rebroussa pas chemin : il était attendu dans le Midi, alors ravagé par la guerre. Début juillet, Bourbon investissait, comme à la parade, des places importantes : Cannes, Hyères, Antibes, Draguignan…

Aix n'hésita guère à ouvrir ses portes au transfuge ; Marseille, en revanche, lui tint tête, bien à l'abri de remparts fraîchement rebâtis. En vérité, les Marseillais résistèrent si fort aux assauts de Bourbon que l'ancien connétable en devint presque ridicule. Et déjà la situation s'inversait. Bientôt assiégés eux-mêmes par l'armée formidable de François Ier, les assiégeants durent lever le camp, faire retraite et finalement détaler devant une avant-garde française chauffée à blanc par Montmorency. La plupart des troupes impériales repassèrent alors les Alpes, sous les applaudissements d'une cour de capitaines, toujours prompte à flatter le roi. Le plus discret n'était certes pas l'amiral de Bonnivet – incorrigible Guillaume !

*

François Ier, nous l'avons vu, était dominé par sa mère et manipulé par le clan des Foix. Mais il fut aussi, dans ses jeunes années, influencé par la famille Gouffier dont l'aîné, Artus de Boisy, héros de Fornoue et protégé d'Anne de Bretagne, avait été son gouverneur. C'est lui du reste qui avait immiscé son jeune frère Guillaume dans l'intimité du prince François, avec mission tacite de l'éveiller aux vertus courtoises. C'est peu dire que Guillaume, seigneur de Bonnivet, y réussit au-delà de toute espérance ! « Fort gentil et subtil esprit et très habile, fort bien disant, fort beau et agréable », selon Brantôme, Guillaume de Bonnivet avait une bonne dizaine d'années de plus que son royal ami ; il devint en quelque sorte son modèle, son compagnon de fortunes – certains diront son âme damnée.

Pour se faire une idée de l'étonnante réussite de celui qui devait devenir amiral de France, il n'est que de jeter un regard aux façades, récemment reconstituées par infographie, de son immense château de Vendeuvre-du-Poitou, sorte de Chambord avant la lettre – hélas détruit sous Louis XVI. Rien n'était trop beau, trop cher pour l'étincelant favori ; ses ambassades, de 1518 en Angleterre et de 1519 auprès des Électeurs allemands, s'étaient révélées à l'image de sa suite au Camp du Drap d'or : coûteuses et vaines. Auréolé, en octobre 1522, de la prise de la forteresse de Fontarabie, il s'était vu octroyer sur le champ le commandement de l'armée d'Italie ! C'est peu dire qu'il n'y avait guère brillé, accumulant contretemps et défaites. Harcelé, mal organisé – il perdit le gros de sa cavalerie –, lui-même blessé, il avait dû sonner la retraite... Oui : c'est lui qui se trouvait, tout confus, à l'origine du piteux retrait des Français, à la fonte des neiges... Il lui fallait sa revanche.

Alors que le roi remettait de l'ordre en Provence, récompensant les magistrats municipaux de Marseille et sanctionnant ceux d'Aix, Bonnivet ne manqua aucune occasion de lui vanter les mérites d'une nouvelle expédition outre-monts. Le Milanais était là, tout accueillant, qui l'attendait avec ses palais, ses jardins, ses riches places à prendre... Seulement François, déconcerté, hésitait encore. Chaque jour lui parvenaient des épîtres de sa mère, le conjurant de demeurer en France et de ne pas céder aux sirènes de l'Italie ; chaque soir, de bons conseillers, parmi les plus valeureux – au premier rang desquels il faut citer Montmorency et La Tremoille –, ramenaient son attention vers la détresse des populations, l'accablement général, la nécessité de faire repli vers le Nord, où tant de forteresses restaient à consolider... La voix maligne du mauvais génie l'emporterait-elle sur tant de sages conseils ?

Connaissant son François sur le bout des doigts, l'amiral aurait eu recours, alors, à l'argument suprême – le seul qui, avec ce roi, était assuré de l'emporter toujours. On prétend qu'il lui parla d'Italiennes, de femmes accortes et douces, et spécialement d'une certaine signora Clerice, passant pour une des plus belles de la péninsule. Tant et si bien que, si la *raison Clerice* n'emporta pas, à elle seule, toute la décision, il n'est pas improbable qu'elle y ait eu sa part... Première erreur de François : son armée reçut l'ordre de faire mouvement vers le mont Genèvre, contre les avis de La Tremoille et de Montmorency, contre Madame elle-même. D'ailleurs, il faut croire que le désobéissant César redoutait d'être grondé comme un enfant, puisqu'il s'échappa d'Aix, à l'heure même où sa mère entrait dans Avignon ! Louise n'en crut pas ses oreilles ; ivre de rage – et rongée d'inquiétude –, elle n'eut plus qu'à rebrousser chemin jusqu'à Lyon...

*

L'immense armée française franchit les Alpes par trois cols, et se regroupa vers Pignerol avant de fondre, impressionnante, sur Milan. Elle devait y entrer par l'ouest, alors que les derniers défenseurs abandonnaient par l'est la capitale des Sforza. François pouvait se croire, à nouveau, maître du Milanais. L'Italie lui portait chance : on rejouait Marignan... Pendant ce temps, les troupes de Bourbon, rentrant de France, faisaient jonction avec celles de Lannoy, vice-roi de Naples ; elles s'installaient dans deux places fortes lombardes : Lodi et Pavie – le nom est prononcé.

« On peut épiloguer, et les historiens ne s'en sont pas privés, sur les choix qui ont été faits en cette fin d'octobre, écrit Jean Jacquart. C'est que la suite nous est connue et qu'il est plus facile de refaire l'histoire et de distribuer les responsabilités après coup que de décider sur-le-champ. » Admettons. Mais en l'occurrence, et pour résumer les avis soutenus devant le roi, la décision n'était pas si ardue. Les uns – La Tremoille, mais aussi Florange et Montmorency – conseillaient de marcher sans tarder sur Lodi, mal défendue par ses vieilles murailles et, partant, assez facile à prendre. D'autres – essentiellement l'amiral de Bonnivet, auquel il faut joindre tout de même l'insignifiant duc d'Alençon, beau-frère du roi – tenaient « la gageure à peu de gloire » et auraient trouvé plus noble, plus sportif dirions-nous, d'aller chercher les Impériaux dans la forteresse imprenable de Pavie. François Ier était-il né pour suivre les mauvais conseils, ou pour incliner en toutes circonstances du côté de son cher amiral ? Le fait est qu'il le suivit encore – deuxième erreur – et ce fut donc Pavie…

*

Entre six et sept mille hommes défendaient la ville contre trente mille Français qui, en peu de jours, encerclèrent ses hauts murs. Le camp du roi et de Bonnivet se trouvait au nord de la cité, entre le château et l'immense parc – fortifié, lui aussi – de Mirabello, où devait s'installer le duc d'Alençon. Un premier assaut contre la ville, début novembre, se solda par un complet échec. Les travaux de siège commencèrent donc, et se focalisèrent sur le flanc sud de Pavie, où se massaient les lansquenets de Montmorency, le long du cours du Tessin qu'on entreprit de détourner pour faciliter les approches.

Mais une crue subite réduisit à néant les efforts des terrassiers ; tout était à reprendre.

Lorsque les Français comprirent que le siège allait s'éterniser, la question se posa de la présence du roi sur les lieux. Sans évoquer le coût d'un camp royal, il paraissait peu digne d'un souverain de demeurer oisif au milieu des sapeurs, à contempler de longs et ingrats travaux de siège. François allait-il repartir pour la France ? C'était sans compter avec l'amiral qui, une fois encore, mit tout son poids dans la balance. « Il voyait bien que si le roi retournait en France sans rien faire, écrirait le maréchal de Florange, que lui avait été en partie cause de cette affaire, que les choses iraient mal et qu'il perdrait beaucoup de son crédit. » Bonnivet insista donc pour que François restât – et celui-ci, en acceptant, commit une autre erreur, la troisième erreur...

Michelet décrit, non sans complaisance, le cadre accueillant dont devait jouir le monarque. « La Lombardie n'était plus ce qu'elle avait été. Elle avait cruellement souffert, infiniment perdu. Mais comme il arrive dans ces grands naufrages, les lieux élus où l'on concentre les débris semblent d'autant plus riches. Je croirais donc sans peine que l'abbaye et la villa, arrangées pour le roi de France, rappelaient, soit les *Granges* de Sforza, soit la *Pouzzole* du roi de Naples, et autres lieux de volupté que les descriptions nous font connaître. Ces villas étaient ravissantes par le mélange d'art et de nature, de ménage champêtre, qu'aiment les Italiens. [...] Des terrasses aériennes, des jardins suspendus, les vues les plus variées. Tout près, l'idylle du ménage des champs. Aux jaillissantes eaux des fontaines de marbre, le cerf, avec la vache, venant le soir sans défiance, de grands troupeaux au loin en liberté, la fenaison ou les vendanges, une vie virgilienne de doux travaux.

Tout cela encadré du sérieux lointain des Apennins de marbre ou des Alpes aux neiges éternelles. »

Pour se donner le sentiment d'agir, François Ier commit alors une quatrième erreur, incidente si l'on veut : celle de s'affaiblir en envoyant plusieurs milliers d'hommes, sous les ordres du duc d'Albany, attaquer Naples ! Espérait-il que les Impériaux allaient distraire, pour suivre ce contingent, une partie de leurs troupes ? Si tel était son espoir, il fut déçu : huit lieues plus à l'est, à Lodi, Bourbon et Lannoy ne songeaient qu'à reconstituer leurs forces ; ils n'accordèrent aucune attention à la diversion des Français. Sous les murs de Pavie, François Ier ne s'en émut pas. Ne l'avait-on pas convaincu de sa suprématie ? « Je crois, écrivait-il à sa mère, que la dernière chose que nos ennemis feront sera de nous combattre, car, à dire la vérité, notre force est trop grosse pour la leur. »

Erreur d'appréciation, sire – la cinquième ! Déjà Lannoy occupe Sant'Angelo sans coup férir, à mi-chemin de Lodi. Les deux grandes armées seront bientôt face à face. Une ultime tentative de conciliation, menée par un légat du pape, est balayée de la main par Bonnivet qui berce à nouveau François Ier de belles paroles. Sixième erreur ? Sans doute... Car dans la nuit du jeudi 23 au vendredi 24 février, les Impériaux attaquent. Discrètement, d'abord. À la faveur du brouillard et de l'obscurité, ils pratiquent une ouverture dans le mur nord du parc de Mirabello, pour y infiltrer le plus possible de soldats. Ceux-ci ont passé des chemises blanches par-dessus leurs cuirasses, afin de se repérer dans le noir... Aux toutes premières lueurs de l'aube, l'alerte est donnée dans le camp français, et l'artillerie entre en action contre les fantassins ennemis qui, s'extirpant par le sud du vaste jardin, se trouvent à présent embourbés dans la plaine marécageuse. Le brouillard seul les protège encore – pour combien de temps ?

C'est alors que François va commettre une septième erreur, grossière, celle-là – sans doute la plus lourde de sa vie. « Une batterie française foudroyait les troupes impériales par la brèche d'un parc qui couvrait Pavie, reprend Pierre-Louis Roederer. Elles étaient en désordre : François Ier ne veut pas laisser au canon l'honneur de leur défaite, il faut qu'il en ait la gloire. » Catastrophe : si incroyable que cela paraisse, le roi prend sur lui d'attaquer avec sa cavalerie ! D'abord, il fait grand carnage, dans le petit matin, parmi les hommes d'armes de Lannoy. « Mais la rapidité de la charge des cavaliers a distancé les fantassins qui devaient suivre et appuyer, explique Jean Jacquart. Or, après avoir facilement dispersé les chevau-légers, François et ses compagnons se heurtent maintenant au gros des troupes de Pescara qui décide d'attaquer à l'arquebuse cette masse de chevaux et d'hommes cuirassés. La mêlée s'engage, confuse et violente. Les piétons français sont trop loin, et l'artillerie ne peut plus tirer sans atteindre les cavaliers désormais placés entre l'ennemi et les canons. » C'est tout le drame de Pavie : François, en se plaçant sottement à portée de son artillerie, l'aura rendue inopérante !

On connaît la suite : le massacre, l'enlisement, le roi désarçonné qui, à pied, continue de faire tournoyer sa grande épée ; on le reconnaît, on le menace ; il ne devra son salut qu'à Lannoy lui-même, qui l'arrache *in extremis* à la horde enragée des coureurs de rançon... André Castelot a fait revivre avec force le moment le plus dramatique de la vie du roi : « François est blessé au visage. Sous son heaume, le sang coule, mêlé à la sueur. Il chancelle. Une seconde blessure le frappe à la jambe. Ce sont les lansquenets de Bourbon qui attaquent maintenant. Se rendre à son féal parjure ? Mieux vaut la mort ! Soudain, entre les fentes de son heaume, à travers le sang qui l'aveugle, François devine la présence du vice-roi. Alors il lève la bande de son casque et, en signe de soumission, tend son gantelet à Lannoy. [...] Tous veulent être les premiers à s'emparer du roi de France. François échappe à la meute et se réfugie dans un silo à betteraves d'où il ne sortira que lorsque Lannoy aura rétabli l'ordre. François se débarrasse des débris de sa cuirasse. Il est aux trois quarts nu et couvert de sang. »

Chose inouïe, inédite depuis 1356 et le désastre de Poitiers : le roi de France est alors prisonnier ! On peut se faire une idée de la panique de l'amiral de Bonnivet, responsable au fond, il le sentait bien, d'une calamité militaire plus totale encore que Crécy, plus honteuse qu'Azincourt... Désespéré, le compagnon du roi, dans une bravade ultime, non dénuée de panache, courut se jeter lui-même, sans heaume, aux lances ennemies. On l'aurait entendu murmurer : « Je ne puis survivre à cette grande *désaventure et distraction* ! Il faut aller mourir dans la mêlée. » Il ne serait pas le seul capitaine à payer de sa vie cette défaite : y périrent aussi, parmi tant d'autres, le maréchal de Foix, frère de Mme de Châteaubriant, M. de La Palice – dont on sait, n'est-ce pas, qu'« un quart d'heure avant sa mort, il était encore en vie » –, La Tremoille lui-même, ainsi que le frère de Madame Louise, qu'on appelait le Bâtard de Savoie... La défaite de Pavie entrait dans les annales comme une des pires saignées de la noblesse de France.

Ce même 24 février, dans la Castille lointaine, Charles Quint fêtait ses vingt-cinq ans – ce fut pour lui, sans qu'il le sût encore, un bel anniversaire.

*

Les manuels scolaires ont résumé la formule adressée par François à sa mère, en cette heure très sombre – certains d'entre eux la disaient écrite sur la peau d'un tambour : « Madame, tout est perdu, fors l'honneur. » Le texte authentique, loin de s'en tenir à l'honneur, ajoute aussitôt « et la vie qui est sauve »... Le voici, ce texte historique ; il est assez éclairant sur l'état d'esprit de François Ier. « Madame, pour vous avertir comme se porte le ressort de mon infortune, de toutes choses ne m'est demeuré que l'honneur et la vie qui est sauve, et pour ce que mes nouvelles vous seront quelque peu de réconfort, j'ai prié qu'on me laissât vous écrire. Cette grâce m'a été accordée, vous priant ne vouloir prendre l'extrémité de vos fins en usant de votre accoutumée prudence ; car j'ai espérance à la fin que Dieu ne m'abandonnera point. Vous recommandant vos petits-enfants et les miens, vous suppliant faire donner sûr passage pour aller et retourner en Espagne au porteur qui va devers l'empereur pour savoir comment il veut que je sois traité. Et sur ce très humblement me recommande en votre bonne grâce. Très humble et obéissant fils, François. » Au cloître Saint-Just de Lyon, où le message lui fut porté, Madame devait être trop bouleversée, sans doute, pour épiloguer sur chaque phrase de la fameuse lettre. Mais on peut imaginer qu'elle n'en lut ou relut pas sans trembler de colère les cinq derniers mots – car à ses yeux, certainement, François n'était en si fatale posture que parce qu'il avait manqué, très gravement manqué tant à l'humilité qu'à l'obéissance.

La bataille de Pavie, juge sévèrement Pierre-Louis Roederer, fut « perdue par la faute de ce roi qui allait à la guerre comme à un tournoi, pour y faire des preuves de valeur personnelle ; qui ne combattait pas pour la France, mais pour les dames ; qui songeait à leur plaire et à les étonner, point à servir l'État ; qui cherchait dans la victoire, non un avantage politique, mais un triomphe de galanterie ». On peut comprendre cette dureté : excusable peut-être à quinze ou à vingt ans, le comportement du roi devient difficilement admissible chez un homme de trente.

Le règne de François Ier aurait pu – aurait peut-être dû – s'arrêter là : en abdiquant, le souverain aurait sans nul doute épargné bien des souffrances au royaume, et bien des sacrifices... En 1815, Waterloo ferait chuter l'Empire ; en 1870, Sedan ferait chuter le second Empire ; en 1525, Pavie ne fit pas chuter la monarchie... François de Valois et sa mère se cramponnèrent au pouvoir. Mais à quel prix ? Tous les équilibres, toutes les alliances, allaient devoir être revus. Il faudrait réunir, pour faire libérer ce prince déchu, une rançon phénoménale et accablante ; et donner tant de gages à l'empereur qu'il aurait pu paraître plus simple de lui offrir les clés de Paris... François était dans une impasse, au propre comme au figuré. Pour la première fois de sa vie, lui, si libre de caractère et si épris de liberté, faisait l'expérience amère de la réclusion : incarcéré d'abord au donjon de Pizzighettone – où l'on prétend qu'il se hissait jusqu'à un soupirail pour observer, les larmes aux yeux, la campagne lombarde en pleine éclosion –, il avait tout loisir de méditer sur ses inconséquences et sur sa légèreté, de déplorer son royaume perdu et le naufrage de ses chimères.

6

L'odyssée de la « mignonne »

J'ai suffisamment souligné les défauts de Louise de Savoie, et assez dénoncé son tempérament de mère abusive, pour me permettre d'insister à présent sur les qualités qui permirent à cette femme, seule dans la tempête, investie de la régence au pire moment du règne, de tenir ferme la barre et de mener le vaisseau à bon port. « Je soutiendrai selon votre intention et désir de telle sorte pour le secours de vos petits-enfants et affaires de votre royaume, écrit-elle dignement à son fils, que je ne vous serai occasion de vous adjoindre peine davantage. » L'énergie qu'elle déploya pour surveiller les provinces et tenir les parlements, son savoir-faire diplomatique auprès de la cour d'Angleterre entre autres, sa manière habile et néanmoins noble de mener, sans excès ni faiblesse, les pourparlers avec le vainqueur : tout ici plaide en faveur de celle que j'avais surnommée, ailleurs, la Régente Noire.

*

Aux pesants soucis de l'État s'ajoutaient pour elle des alarmes familiales. Son fils adoré était donc retenu captif – d'Italie, l'empereur l'avait fait transférer en Espagne, et le détenait désormais à l'Alcazar de Madrid. Ses petits-enfants, orphelins de mère depuis moins d'un an, n'étaient pas en âge de régner – François, l'aîné des garçons, venait d'avoir sept ans et pleurait encore la disparition de sa grande sœur Charlotte, survenue quelques mois plus tôt. Enfin Marguerite, l'irréprochable Marguerite avait tout lieu de se morfondre : son époux, le duc d'Alençon, après avoir conseillé au roi de rester à Pavie, avait mal réagi au fort de la bataille et fait tourner bride à l'aile gauche ; il subissait d'autant plus l'opprobre qui s'attache aux survivants des grandes défaites... Tombé malade au lendemain de son retour, le malheureux duc avait accueilli la mort avec soulagement ; il laissait Marguerite, dans ses voiles blancs de princesse en deuil, plus seule que jamais.

Elle songeait à François et pleurait... La passion inspirée par ce frère à cette sœur est sans beaucoup d'exemples dans l'Histoire. Jules Michelet, dans une page célèbre, a souligné « le culte étonnant, l'amour, la foi, l'espérance, la parfaite dévotion qu'elle eut, de la naissance à la mort, pour le moins digne des dieux, pour son frère François Ier ». Le grand auteur paraît hésiter, à ce sujet, entre une admiration sincère et le plus sincère agacement. « Cette personne infiniment pure, écrit-il, eut toute sa vie remplie par un sentiment unique, qu'on ne sait comment nommer ; amour ? amitié ? fraternité ? maternité ? Il y a de tout cela, sans doute, et pas un de ces noms ne convient. »

Occasion rêvée : la régente, retenue en France par le serment fait à son fils, décida de lui envoyer, en ambassade extraordinaire, cette sœur si aimée, si aimante. Marguerite, bravant les rebuffades de l'administration impériale et les caprices de la Méditerranée, devait ainsi prendre à Aigues-Mortes une galère pour Barcelone, puis, avalant sans compter la route aride, poussiéreuse, interminable entre la côte et Madrid, s'enfoncer dans la Castille à toute force. En chemin, elle eut pour son frère des mots qui sont ceux d'une amoureuse : « Quoique ce puisse être jusqu'à mettre la cendre de mes os au vent pour vous faire service, rien ne me sera ni étrange ni difficile, ni pénible, mais consolation, repos, honneur. Et à cette heure, Monseigneur, je sens bien quelle force a l'amour que Notre-Seigneur a mis entre nous trois » – le troisième membre de la triade étant Madame, évidemment... « Tous les amours du monde doivent s'humilier ici, reconnaît Michelet. Ils n'ont rien à mettre en face. Plus ils tendent, plus la corde rompt. » Mais, chez Marguerite, elle était constamment tendue et ne rompait jamais. Qu'importait à la sœur dévouée de souffrir sous le soleil des Espagnes, si c'était pour le bien de son frère et si, de surcroît, c'était ce frère qui l'attendait au bout de la route !

*

À Madrid, François Ier s'étiolait. Plus de six mois avaient passé depuis le désastre. À sa grande surprise, par un effet tardif et paradoxal de la propagande française, il avait été accueilli en héros, lors de son débarquement, par le peuple de Barcelone – ce qui ne devait pas manquer d'être douloureux à vivre, pour un vaincu. Ce triomphe est à comparer à l'hostilité qui, plus tard, devait se manifester à l'encontre de Charles de Bourbon, rejeté par la noblesse espagnole et conspué par le peuple. On dit que l'empereur ayant ordonné à un grand de l'héberger, devait s'entendre répondre : « Je ne puis refuser ma maison à Votre Majesté ; j'en serai quitte pour la brûler le lendemain. » Maigre consolation pour François.

Rongé de culpabilité, il souffrait des excuses que lui trouvaient ses visiteurs, plus encore peut-être que des remords qu'il remâchait de lui-même. Les historiens d'autrefois ont beaucoup vanté sa force dans l'adversité, son héroïsme en captivité. C'est pure invention ; et la vérité oblige à dire qu'il y fit piètre figure. Ses lettres à l'empereur sont tout simplement indignes d'un roi de France. On voit le captif s'humilier sans vergogne, demander pitié, se dire et se redire désespéré, s'affirmer – à trois reprises – « à jamais l'esclave » de son geôlier ! Après quelques semaines sous les verrous, il est vrai qu'il n'était plus que l'ombre de lui-même, et croyait sans cesse tomber fou, fixant la muraille qui le retenait prisonnier, suivant derrière les lourds barreaux de son unique fenêtre le vol des corbeaux sur la Sierra... « Ce héros de théâtre, écrit Michelet, dégonflé, aplati, parut ce qu'il était, un gentilhomme poitevin de peu d'étoffe, dévot par désespoir (autant que libertin), rimant son malheur, ses amours, comme eût fait à sa place Saint-Gelais, Joachim du Bellay, ou tout autre du temps. »

Et forcément, il tomba malade.

La nouvelle en parvint à Marguerite, quelque part en Castille, par un billet signé de Montmorency. Apprenant que son frère était au seuil de la mort, la princesse abandonna sans regret une partie de son escorte et, poussant hommes et bêtes aux limites, se hâta vers Madrid en une course éperdue. En à peine plus d'une semaine, elle était à destination. Surprise : l'empereur en personne était là, qui l'accueillit avec tous les égards. Charles, alerté par ses propres médecins, était venu de Tolède, au chevet de son fidèle ennemi. Il avait poussé l'humanité – certains diront le cynisme – jusqu'à prendre François dans ses bras et à l'encourager à tenir bon. Avec quel soulagement il s'effaçait à présent devant cette sœur aimante, accourue tout exprès de France.

Les retrouvailles ne furent pas telles que Marguerite les avait imaginées. François, l'esprit très embrumé, délirant presque, paraissait à l'article de la mort. C'est à peine s'il reconnut celle qu'il avait toujours appelée sa « mignonne »... De quoi souffrait-il ? D'un abcès au nez et au palais qui avait fort dégénéré, et entraînait assez de fièvre pour lui faire bientôt perdre conscience. Il fut déclaré perdu le 22 septembre. Marguerite, elle-même plus morte que vive et cependant toujours digne, fit preuve, en la circonstance, d'un courage exemplaire. On mesure par comparaison la fragilité de son frère... Elle fit dresser un autel dans la chambre du prisonnier, et pria l'archevêque d'Embrun d'y prononcer une messe, à l'issue de quoi l'extrême-onction serait prodiguée au mourant. Si l'on en croit le président de Selve, notre ambassadeur à Tolède, c'est alors que se produisit le miracle : le roi, ayant rassemblé assez de forces pour communier, fut forcé pour cela de déglutir, et c'est ce qui serait venu à bout de l'abcès ! En quelques heures, la fièvre qui le tenait depuis trente jours s'envola. On imagine l'allégresse de Marguerite, et la ferveur de ses actions de grâces...

À Lyon, Madame apprit en même temps la maladie de son fils et les circonstances de sa guérison. Elle dut bénir sa fille. Et lui renouvela aussitôt ses directives pour la conduite des négociations avec l'empereur, avant de retourner, de son côté, aux négociations franco-anglaises et aux cent autres affaires qui réclamaient son arbitrage.

*

Le 3 octobre 1525, à Tolède où il résidait ordinairement, Charles Quint reçut donc en audience la sœur de son vieil ennemi. L'heure n'était plus aux politesses de Madrid ; froid, presque hautain, l'empereur esquiva les allusions politiques et se contenta de mener la princesse, à sa demande, chez sa propre sœur. Éléonore de Habsbourg, veuve du roi Manuel de Portugal, était alors fiancée à l'ancien connétable de Bourbon, dont elle passait pour être, en quelque sorte, la garantie de bienvenue dans le camp impérial... Marguerite, qui la savait honnête et bienveillante, n'eut de cesse de la détourner de ce projet infâme et de lui en souffler un autre, bien plus glorieux : en épousant le roi François Ier, lui-même veuf, elle ferait une union magnifique avec le premier prince de la chrétienté ; elle assoirait l'entente, tellement souhaitable, entre la France et l'Empire ; elle faciliterait surtout les négociations de paix, en recevant pour dot la Bourgogne, véritable obsession de Charles Quint – Bourgogne qui pourrait passer, en apanage, au fils qu'elle ne manquerait pas de donner à François... On reconnaît sans peine, derrière de telles combinaisons, la marque de Louise ; la régente avait dû trouver cet artifice pour avancer sur le chapitre bourguignon, principal obstacle à tout règlement.

Éléonore approuva tant qu'elle put ce beau projet ; mais ce n'était pas l'opinion de son frère l'empereur, qui avait abandonné l'ambassadrice extraordinaire aux griffes de l'intraitable chancelier Gattinara. Les pourparlers s'enlisèrent, tandis que la situation du prisonnier ne s'améliorait pas. Soudain, l'on vit la princesse manifester de l'étonnement, de la colère, de l'indignation même, contre l'*ingratitude* impériale. Pourquoi un tel emportement ? D'où, ce terme d'ingratitude ? Il semble bien – pour autant que l'on puisse reconstituer, après coup, ce qui relève de l'oral et du secret – que la régente et sa fille se soient acquis des titres particuliers à la reconnaissance de Charles Quint, et que celui-ci, avec cynisme, ait refusé de les payer de retour. Mais quels titres, en ce cas ? L'historien Jean de Sismondi, au XIXe siècle, a cru pouvoir identifier la source de la colère de Marguerite ; selon lui, sa mère était allée jusqu'à trahir les alliés italiens de la France, peut-être jusqu'à révéler à l'empereur l'existence de complots qui se tramaient contre lui – à commencer par la trahison du marquis de Pescara ! Cette hypothèse n'a fait que se confirmer par la suite, à mesure qu'étaient dépouillées et publiées les archives.

À supposer que Sismondi ait vu juste, on comprend que la princesse ait fini par abandonner la voie diplomatique... Bientôt elle en vint à envisager une solution plus radicale. Elle soudoya l'un des officiers affectés à la garde du royal captif et mit sur pied un plan d'évasion : le roi devait, pour s'enfuir, prendre la place d'un serviteur noir attaché à son service et, lui-même grimé, se glisser hors de la forteresse, une fois la nuit tombée. Sa mignonne avait tout préparé : les complices, les chevaux, les relais jusqu'aux Pyrénées... Patatras ! Le complot fut éventé et la surveillance du prisonnier, singulièrement renforcée.

*

Pour la sauvegarde de Marguerite elle-même, il était plus que temps de songer à partir. Le sauf-conduit que lui avait délivré l'empereur était valide jusqu'à la fin de janvier 1526 ; or, on approchait de Noël... La sœur aimante mit, à refaire ses bagages, autant de mauvaise grâce et de lassitude qu'elle avait montré, à les boucler, d'entrain et d'enthousiasme. Déchirants adieux... Son retour fut d'autant plus pénible qu'elle emportait avec elle, à toutes fins utiles, un acte d'abdication signé de la main de son frère et laissait, claquemuré dans les geôles de l'empereur, un souverain diminué qui n'allait pas tarder à retomber malade. Que faire ? Marguerite sentait le découragement la guetter à son tour ; dans une lettre à son frère plus sombre que de coutume, elle écrivait : « Si les honnêtes offres que vous avez faites ne les font pas parler autrement, je vous supplie qu'il vous plaise de venir comment que ce soit. » Que signifie cette formule ? Que le roi dût signer ce qu'on lui présentait – quitte à dénoncer, par la suite, un traité signé sous la contrainte ?

C'est exactement ce qui se passa. Le 14 janvier 1526, François Ier apposait sa signature au bas du traité de Madrid, l'un des moins glorieux de l'histoire de France. Il abandonnait la Bourgogne à l'empereur, ainsi que ses droits sur la Flandre, l'Artois, le Milanais et le royaume de Naples – autant dire que, aux termes de cet acte, le royaume des Lys se trouverait bien borné. En fait, le matin de la signature, François avait réuni ses principaux compagnons d'infortune, pour leur déclarer sur l'honneur qu'il s'apprêtait à parapher, sous la contrainte, un acte qui ne l'engagerait nullement. La démarche peut se défendre ; on ne saurait la citer en exemple.

Quoi qu'il en fût, la libération du roi devait se faire sous deux conditions, également accablantes. La première était le versement d'une rançon qui promettait d'être colossale ; mais c'est un des secrets de la France que de pouvoir, une ou deux fois par siècle, extirper des sommes infinies de son « bas de laine »... L'autre condition paraît aujourd'hui inconcevable, mais elle faisait alors partie, en l'absence d'institutions internationales, du type de caution qu'il paraissait raisonnable d'exiger : l'empereur avait proposé que la cour de France lui envoyât, comme otages, soit douze de ses meilleurs généraux, soit... les propres enfants mâles du roi !

Depuis la catastrophe, la France n'était plus si riche en grands soldats, qu'elle pût aisément en disposer ; aussi Louise et François tombèrent-ils d'accord pour accepter la seconde solution. Le plus jeune des princes, Charles, sortait tout juste des langes ; mais ses deux frères aînés, François, huit ans, et Henri, sept ans, furent envoyés vers la Bidassoa, pour y être échangés contre leur père ! L'histoire ne dit pas précisément ce que leur dit le roi, en les croisant au milieu du petit fleuve frontalier ; il semble qu'il les ait embrassés ; peut-être leur confia-t-il aussi le bel exemplaire du roman courtois d'*Amadis de Gaule*, qu'il avait dévoré dans sa captivité, et dont on sait qu'Henri – un jour Henri II – devait faire son bréviaire... L'une des premières initiatives du roi libéré, une fois rentré en France, serait d'ordonner la traduction de ce roman de chevalerie au sieur des Essarts, qui du reste lui en dédia le premier livre.

7

La Paix des dames

Le lecteur, parvenu à ce stade, s'imagine peut-être que François, ébranlé en son for intérieur par les événements de 1525, avait décidé de réformer son comportement. Après tout, il était en grande partie responsable des malheurs qui s'étaient abattus sur sa tête ! N'avait-il pas essuyé l'une des plus grandes défaites de l'Histoire, connu la captivité, frôlé deux fois la mort, signé un traité honteux et manqué à sa parole ? Par sa faute, le royaume était passé bien près de sa ruine ; il avait perdu nombre de grands capitaines et avait vu vaciller ses plus anciennes institutions ; et le peuple allait devoir se saigner à blanc pour payer une rançon, sans doute énorme. Dans l'affaire, le roi lui-même avait accusé la perte de son meilleur ami, et dû abandonner ses propres enfants, comme otages, à son ennemi intime.

La leçon était sévère, à tout le moins... Pour n'importe qui, il y avait là de quoi se remettre en question. Pas pour François Ier.

*

Lui préféra s'étourdir dans les bras de la nouvelle beauté que sa mère, pour évincer la favorite en titre, avait poussée dans son lit. Pour un peu, j'écrirais : souvent homme varie, et bien folle qui s'y fie… Anne d'Heilly, fille d'un certain seigneur de Pisseleu, était aussi blonde que Françoise était brune, aussi sûre d'elle que l'autre avait pu paraître effacée. Surtout, elle était instruite ; ne devait-on pas la surnommer « la plus savante des belles, la plus belle des savantes » ? Forte de ses dix-huit ans radieux, elle se chargea d'éclipser sa devancière et de la faire oublier. Il est vrai que François l'y aida, assumant cette rupture avec le dernier cynisme. Mme de Châteaubriant, avertie à contretemps de la libération royale, ne devait se présenter à la Cour que pour y trouver portes closes… Celle qui pleurait encore la mort d'un frère à Pavie fut éconduite – rejetée serait plus juste –, abandonnée à un mari jaloux qui aurait désormais tout loisir de lui faire payer une trop longue humiliation… Au point de l'assassiner un jour, si l'on en croit la chronique.

Qu'importait à François : il avait tourné la page. Désormais libre de ses mouvements, il ne songeait plus qu'à jouir à nouveau de la vie, à festoyer, à chasser. Le 9 juin, courant le cerf – cela se pratiquait alors à l'aide de grands filets –, il tomba de cheval et se démit le bras, qu'il dut porter en écharpe durant deux semaines ! Il n'avait pas grandi… Non seulement il semblait n'avoir rien appris de Pavie, mais il mettait un point d'honneur à se montrer le plus inchangé possible, toujours plein d'assurance et content de lui. L'humilité, décidément, n'était pas son point fort… Sera-t-on surpris d'apprendre qu'il ferait bientôt construire, à l'ouest de Paris, un nouveau château de plaisance, qu'il baptiserait Madrid par dérision, émettant le souhait, lorsqu'il s'y trouvait en compagnie de la belle Anne, qu'on ne le dérangeât pas plus qu'en sa captivité ?

Il y a plus étonnant. Alors que ses deux fils restaient entre les mains d'un Charles Quint susceptible, François n'hésita pas à déchirer le traité de Madrid comme un chiffon de papier, rejoignant, sitôt rentré en France, une association de tous les ennemis de l'empereur : la ligue dite de Cognac ! Pour écarter tout malentendu, le vice-roi Lannoy, ambassadeur de l'empereur, allait s'entendre dire que le roi ne pouvait céder la Bourgogne, les Bourguignons n'étant pas d'accord ! Le roi crut devoir ajouter que lui-même ne se sentait aucunement tenu d'honorer des promesses arrachées sous la contrainte. Il ajouta qu'il souhaitait rester l'ami de l'empereur, et qu'il continuerait d'observer, au cas par cas, les clauses « acceptables » du traité. Nous parlerions aujourd'hui de *diplomatie à la carte*...

On imagine la stupeur de Charles Quint, sa colère contre François mais aussi contre lui-même. Que n'avait-il suivi Gattinara, lorsqu'il lui conseillait de garder le prisonnier à Madrid jusqu'à livraison complète de la Bourgogne ? Il avait offert sa confiance, il était bien puni... Un diplomate anglais nous dépeint l'empereur abattu, mélancolique, s'abandonnant « à des rêveries solitaires, parfois plusieurs heures de suite ». « J'ai usé envers lui de libéralité et de magnanimité, se plaignit Charles à l'ambassadeur de France, et lui a usé envers moi de pusillanimité et de perfidie. Il n'a point agi en vrai chevalier, ni en vrai gentilhomme, mais méchamment et faussement. » Quelque chose de pénible s'attache aux jérémiades des vainqueurs ; mais, en l'occurrence, force est de reconnaître que le roi de France avait beaucoup déchu de son idéal.

C'est du reste sur le terrain de l'honneur que l'empereur aurait souhaité le défier. « Plût à Dieu que ce différend eût à se débattre entre nous deux, disait-il, de sa personne à la mienne, sans exposer tant de chrétiens à la mort ! Je crois que Dieu montrerait sa justice. » Deux ans plus tard, Charles devait répondre à un cartel lancé, cette fois, par François, « tant délibéré de défendre [son] honneur jusques au dernier bout de [sa] vie » ; il le défia donc publiquement en combat singulier. Seulement le héraut porteur du cartel impérial fut retenu un mois entier à la frontière française, avant de se voir interdire toute mise au défi, sous le prétexte oiseux que Charles aurait envoyé, non une réponse, mais une provocation. À croire que François préférait les duels de romans et les chevaliers de papier… Son entourage n'aurait qu'à rire plus fort pour dissiper la gêne !

*

La régente – le roi lui avait conservé ce titre, avec les privilèges afférents – était libre à présent d'informer son fils de certains graves manquements observés durant sa captivité, spécialement à Paris. Elle lui fit part de l'insolence du Parlement, qui avait tenté de mettre en cause le concordat de Bologne et menacé de poursuivre le chancelier en justice. Elle lui parla aussi des hardiesses de la faculté de théologie et de la mauvaise grâce qu'avaient mise les échevins à financer la paix avec l'Angleterre. Cela explique en partie le peu d'empressement que mit François Ier à regagner sa capitale. On le vit s'attarder à Bordeaux, à Cognac, à Angoulême, puis à Amboise, à Nantouillet, à Vincennes, avant de s'installer à Saint-Germain-en-Laye…

Cependant, la vie de cour reprenait son train. Le 6 novembre, on enterra enfin, à Saint-Denis, la dépouille de la pauvre reine Claude. Son mari n'assista pas à la cérémonie ; il avait préféré chasser à Vincennes. Quelques jours plus tard seulement, passant se recueillir à Saint-Denis, il devait en profiter pour aller quelques jours à Écouen, chez le riche Anne de Montmorency, devenu grand maître de France – une puissance montante... Revenu à Saint-Germain pour Noël, le roi se fit un plaisir d'assister, cette fois, aux fiançailles et au mariage de sa sœur.

En effet, de retour de son odyssée, Marguerite avait fait la connaissance d'un jeune seigneur tout blond, qui venait de se parer, sur le champ de bataille de Pavie, d'autant de lauriers qu'en avait perdus son défunt mari. Le bel Henri d'Albret avait onze ans de moins qu'elle ; il était roi de Navarre – du moins en titre, car, en fait, les Espagnols occupaient la moitié de son territoire ! Il ne refusa pas d'épouser la sœur du roi de France, probablement par intérêt... Faut-il préciser que, du côté de Marguerite, l'amour seul avait eu voix au chapitre ? Elle devait bientôt donner à Henri son premier enfant, une fille qu'on prénomma Jeanne en hommage à son grand-père Jean d'Albret et qui, elle-même, un jour, mettrait au monde le futur Henri IV...

Paradoxe – ou volonté de passer outre : jamais la Cour n'avait été aussi brillante qu'en ces lendemains de désastre. Pierre Gaxotte le reconnaît : « Incertain en politique, dérangeant les affaires par des mouvements d'humeur et des résolutions irréfléchies, manquant même au combat, en dépit de sa bravoure, de la constance qui fait les grands capitaines, le roi François avait, en revanche, tout ce qu'il fallait pour créer une cour, la tenir et y briller. Mais dans la passion qu'il eut pour le monde, les fêtes et les bâtiments, on découvre des motifs plus nobles que le plaisir : l'enthousiasme du beau et du grand dans les arts, le zèle pour les entreprises savantes, le désir de policer l'existence auparavant grossière des gentilshommes, un dessein formé de les instruire pour servir d'exemple à la nation. » J'aimerais pouvoir partager l'avis exprimé dans cette dernière phrase ; le fait est, en tout cas, que le roi s'entoura de la plus fournie, de la plus brillante – de la plus ruineuse aussi – des cours de son temps. Il faut l'imaginer nomade, ce microcosme, suivant le roi de résidence en résidence, escorté de trois ou quatre mille hommes de garde ou de service, de douze mille chevaux, de centaines de chariots… À nouveau Gaxotte : « C'est une caravane, une troupe en marche, entraînant avec elle des marchands de toutes sortes, bouchers, poissonniers, verduriers, fruitiers, boulangers, fournisseurs de vin, de paille et d'avoine. Dans les chariots s'entassent les coffres, les tapisseries les sièges pliants, les tables à tréteaux, la literie, la vaisselle, les ustensiles de cuisine. Tantôt on fait étape dans une maison royale que l'on meuble au passage, tantôt, on loge chez l'habitant ou sous la tente. Les fourriers du roi et les maréchaux des logis partent à l'avance faire le cantonnement. […] Chemin faisant, le roi écoute les harangues, reçoit les municipalités, inspecte les justices et les compagnies d'officiers… Parfois, il s'arrête pour chasser, ou, si le pays est bon et le ravitaillement facile, pour banqueter et pour danser. »

*

Les mois passaient, et l'empereur ne décolérait pas. Le plus singulier est que, en face, les propres alliés du roi de France n'étaient pas plus contents de lui que son ennemi juré ! Les Vénitiens, les Milanais, les Génois, le pape lui-même pestaient de ne jamais voir arriver de France les aides et soutiens promis à la fameuse ligue. Un diplomate en poste à la Curie refusa de consigner les mots prononcés au Vatican contre son maître – « paroles trop terribles pour être rapportées », estimait-il. On n'ose les imaginer...

Les alliés de la France se retrouvaient, une fois de plus, dépourvus de subsides ; mais, de l'autre côté, l'ancien connétable de Bourbon n'était pas mieux loti. Afin de calmer des troupes affamées, impayées, il les mit en marche sur la Ville éternelle en contournant Florence... Et ce fut, à partir du 6 mai 1527, le trop célèbre sac de Rome. Charles de Bourbon, alors qu'il se lançait à l'assaut des remparts, reçut un coup d'arquebuse en pleine poitrine – coup hautement revendiqué, plus tard, par le célèbre Benvenuto Cellini. Or, l'ancien connétable tué, plus rien ni personne ne s'opposait au déferlement d'une violence aveugle. Le pape et les cardinaux, réfugiés dans le château Saint-Ange, se retrouvèrent, *de facto*, prisonniers de l'empereur, ce dont Clément VII tenait le roi de France pour responsable. Ce dernier ne pouvait demeurer inerte ; il se rapprocha donc du roi d'Angleterre, signa en août le traité d'Amiens, puis envoya Lautrec outremonts, prendre encore le contrôle de la Lombardie, puis de Naples... Inlassable marée française aux grèves de l'Italie.

*

La guerre proprement dite fut déclarée le 22 janvier 1528. Précisons que les deux petits princes étaient toujours otages, et que leur condition n'en fut pas améliorée... À Naples, les Impériaux ne parvinrent pas, d'abord, à forcer le blocus franco-génois.

Mais comme à l'accoutumée, le roi de France ne sut pas ménager ses alliés : Andrea Doria, grand capitaine génois, ne s'estimant pas bien traité, finit par rallier le camp d'en face ! La peste aidant, cela revenait à livrer la ville à l'Empire. Bientôt le prince d'Orange vint triompher, au nom de Charles Quint, dans tout le sud de l'Italie, entraînant au passage le ralliement de Clément VII... Conséquence indirecte du nouvel échec des Français : le pape allait révoquer l'instance de divorce consentie à Henri VIII, alors allié du roi de France – et ce serait bientôt la scission de l'Église d'Angleterre.

Le temps passant, il fallut bien admettre que la guerre entre Charles Quint et François Ier était devenue chronique. C'était une affaire personnelle, de moins en moins ancrée aux réalités politiques des deux puissances. La France, déjà fragilisée, s'y épuisait dangereusement ; quant à l'Empire, morcelé, en voie d'éclatement, il était attaqué de l'extérieur par les Barbaresques, de l'intérieur par la Réforme religieuse, mais hors d'état de se défendre pour cause de guerre... Il était temps qu'on vînt s'interposer dans cette querelle à mort entre adolescents attardés. Comme dans *La Kermesse héroïque*, le beau film de Jacques Feyder, ce rôle revint aux femmes – en l'occurrence, deux dames d'exception : Louise de Savoie et la propre tante de Charles Quint, son ancienne tutrice Marguerite d'Autriche, alors gouvernante des Pays-Bas.

*

En décembre 1528, avec les Pays-Bas justement, une trêve avait été signée. La régente avait tiré parti du séjour à Paris d'un secrétaire de la gouvernante pour tenter une prise de contact. Après quelques atermoiements, il avait été décidé que les deux confidentes se retrouveraient, en terrain neutre et en secret, à Cambrai. Dans *La Cour des Dames*, je me suis plu à raconter les coulisses de cette conférence inhabituelle. On avait choisi, pour loger ces dames, des demeures assez discrètes et qui communiquaient entre elles grâce à des galeries couvertes, jetées par-dessus les rues. L'une d'elles reliait l'hôtel Saint-Pol, où résidait la régente, au cloître des Capucins qui hébergeait sa fille, la reine de Navarre ; une autre, ce même hôtel à l'abbaye Saint-Aubert où s'était installée la gouvernante. Ainsi, les allées et venues se faisaient-elles à l'abri des regards trop curieux.

Dans l'ombre de Madame, le chancelier Duprat, devenu cardinal, et le grand maître de Montmorency veillaient au grain et avertissaient le roi, par messagers, des avancées de la négociation. Louise tenait la Bourgogne, Marguerite les enfants du roi ; c'étaient de puissants arguments. Les discussions durèrent pourtant, s'éternisèrent même et furent sur le point d'échouer ; mais finalement elles aboutirent. Comme convenu à Madrid, le roi de France abandonnerait l'Italie et quelques villes au Nord ; il renoncerait à sa suzeraineté sur la Flandre et l'Artois ; mais il conserverait sa chère Bourgogne. En compensation, il verserait à l'empereur – en manière de rançon pour les princes – la somme astronomique de deux millions d'écus d'or ! « Le traité comportait des termes humiliants pour le roi de France, écrit Robert J. Knecht ; mais sur deux points il constituait un triomphe diplomatique : la Bourgogne était conservée et les princes seraient échangés contre une rançon en espèces. »

Les seuls qui aient eu de vrais motifs à détester cette *Paix des dames* furent – une fois encore – les alliés italiens du roi de France. Vénitiens, Florentins, Milanais, Ferrarais, ainsi que les Napolitains qui s'étaient rangés sous la bannière aux fleurs de lys, tous honnissaient à présent le nom de François ; et l'on dit que, plusieurs jours durant, le roi louvoya pour éviter les amers reproches de leurs ambassadeurs…

Codicille important du traité de Cambrai : le roi François épousait bel et bien Éléonore, la sœur de l'empereur Charles. Elle gagnerait la France par le même convoi que les princes libérés.

*

Ainsi la régente aurait-elle accompli l'impossible, jusqu'au bout. Elle avait réformé la monarchie en profondeur, dans son fonctionnement et ses institutions ; puis elle avait « tenu la maison » en l'absence de son fils, et prévenu le royaume des risques sérieux de révolte, de faillite et de démantèlement qu'il avait courus ; elle avait apaisé la somme inouïe des rancœurs accumulées de tous côtés ; elle avait aussi renforcé les liens de la France avec toutes sortes d'alliés improbables, et finalement obtenu de Marguerite d'Autriche une paix coûteuse, certes, mais inespérée. Comment expliquer, après cela, que le nom de Louise de Savoie n'ait pas laissé dans l'histoire de France une trace plus lisible, un souvenir plus glorieux ? La réponse est aisée : Madame elle-même n'avait eu de cesse, afin d'imposer à la postérité la haute réputation de son César, de minimiser son propre rôle et, comme le font certains Sioux, d'effacer derrière elle les traces de son œuvre. En vérité, bon nombre des belles choses accomplies par

François Ier dans la première partie de son règne – y compris, nous l'avons vu, l'asile offert à Léonard de Vinci – devraient être portées, bien plutôt, au crédit de cette femme unique. Mais ce n'est pas ainsi qu'elle l'entendait.

*

Au reste, les années passant, Madame Louise montrait des signes de fatigue. Ses attaques de goutte, de plus en plus fréquentes, lui arrachaient des cris. Elle était hantée par la peur de mourir ; on la vit essayer comme une guérisseuse toutes sortes de potions sur toutes sortes de malades ; elle scrutait sur son propre corps le moindre signe anormal, redoutait de s'éteindre pendant son sommeil et, de ce fait, ne s'assoupissait plus qu'à regret, généralement dans un siège, par hantise de se coucher. Ses proches évitaient de parler d'obsèques devant elle, ou de cimetières, ou simplement de l'avenir. Les insomnies et les migraines envahissaient son quotidien, attisées sans cesse par les nouvelles inquiétantes ou qu'elle jugeait telles… Singulière parabole : cette frénétique ambition qui, dans sa jeunesse, avait été le meilleur des aiguillons, tendait à devenir, en son vieil âge, une épine acérée qui lui perçait et reperçait le cœur.

Le destin de Louise semblait frappé du sceau de l'ironie : ainsi est-ce en voulant fuir une épidémie de peste qu'elle se mit, d'elle-même, en situation d'y succomber. À la mi-septembre 1531, le mal, parti du Midi, était remonté jusqu'aux abords de Fontainebleau. Aussitôt, Madame fit préparer sa litière et donna le signal du départ ; elle entendait gagner au plus vite ses terres de Romorantin. Sa fille l'accompagnait ; Marguerite, à présent reine de

Navarre, pleurait un fils, le petit Jean, mort au berceau quelques mois plus tôt. Les impatiences de sa mère lui servaient de dérivatif... Le convoi se mit donc en branle, à marches forcées – ralenti toutefois par les douleurs articulaires de la régente, qui demandaient quelque ménagement. Or, plus on avançait, plus il apparaissait que la peste avait pris les devants ; Madame finit par accepter une halte au logis de Grez-sur-Loing, au pied de la tour de Ganne. C'est là qu'apparurent sur elle les sinistres taches brunes, signes incontestables de la maladie.

Sa dernière joie, son ultime soulagement en ce monde, Louise les attendait de ce fils auquel elle avait tout sacrifié. « Pour lui, écrivais-je voilà quelques années, n'avait-elle pas tout bravé, tout osé ? Ne s'était-elle pas battue contre tous, et parfois même, contre lui ? N'avait-elle usé sa santé en rapports, en conseils, en voyages, en audiences, en négociations si souvent éreintantes ? Tout cela pour lui ! » Alors qu'elle sentait ses dernières forces l'abandonner, elle se mit à fixer anxieusement la porte de sa chambre, s'enquérant dans un souffle de nouvelles de Lui, voulant savoir s'Il s'était mis en route et pour quelle heure il faudrait L'attendre... Marguerite s'efforçait de la rassurer. Mais la vérité, c'est que le fils prodigue ne vint jamais. Abusé par son entourage, conseillé par la Faculté qui craignait la contagion plus que tout, François, alors en villégiature à Écouen, chez Montmorency, renonça au voyage de Grez. Par inconscience, sans doute, il laissa la régente Louise s'éteindre loin de lui, dans les bras de Marguerite qui n'avait jamais eu la faveur de cette mère, mais partageait avec elle un amour absolu, inextinguible. Un amour voué à toutes les déceptions. C'était le 22 septembre 1531.

8

Deux cours en une

Le roi s'était évanoui. Pour la seule fois de sa vie, semble-t-il, ce géant s'était laissé submerger par ses émotions. On l'avait retenu juste à temps pour qu'il ne tombât pas sans connaissance, à grand fracas, sur le dallage... C'était à Notre-Dame de Paris ; François était venu rendre ses devoirs à la dépouille de sa mère, honorée comme une personne royale – elle qui n'était pas née princesse et n'avait jamais épousé de roi. Pourquoi ce malaise ? François, en la seizième année de son règne – autant dire, nous qui savons, à mi-course – venait-il seulement de mesurer la place qu'avait occupée, dans sa vie, cette mère si possessive ? Jamais il n'avait, jusque-là, connu d'épreuve qu'elle ne l'eût aidé à surmonter. Et voilà que, pour la première fois, elle n'était plus à ses côtés, tenant sa main... À trente-six ans, il se retrouvait seul avec, sur les épaules, un trop lourd manteau fleurdelysé, et, sous les pieds, un véritable chemin montagnard, sans cesse plus escarpé.

Cette soudaine solitude était surtout morale ; car, dans les faits, ce ne sont pas les familiers qui manquaient autour de Sa Majesté. Sa sœur, Marguerite de Navarre, passait encore auprès de lui le plus de temps possible. Ses fils aînés, réacclimatés tant bien que mal, essayaient de copier la gaieté du petit dernier, Charles. Présente aussi – un peu trop même au goût du roi : la nouvelle épouse, Éléonore, dont l'indiscrétion d'un diplomate anglais nous apprend qu'elle était « fort brûlante au lit, désirant d'être embrassée sans cesse ». De quoi calmer les ardeurs d'un époux !

Quant à la Cour, elle augmentait sans arrêt... Du fait de l'hécatombe de Pavie, on avait dû en renouveler les cadres, notamment les grands officiers. Sous l'égide de la belle Anne de Pisseleu, nouvelle favorite en titre, on voyait évoluer désormais ceux mêmes qui, en Italie puis en Espagne, avaient partagé la captivité de François et pris leur part de ses souffrances. Entre autres, deux grands seigneurs, amis de jeunesse du roi, étaient venus occuper les places laissées vides par Guillaume de Bonnivet et le Bâtard de Savoie ; au poste de grand maître de France, en charge de la maison du souverain, ce dernier fut remplacé par son gendre, Anne de Montmorency ; quant à Philippe Chabot de Brion, il devint amiral de France.

*

Ce nouveau maître de la Flotte, des ports, des côtes et des colonies était la quintessence de l'homme de cour. De vieille noblesse, à la fois bon bretteur et grand propriétaire, il était le neveu de François par la main gauche – n'avait-il pas épousé la fille de sa sœur naturelle, Françoise de Longwy ? Philippe s'était notamment illustré lors de la défense de Marseille contre l'ancien connétable, et avait récolté bien des fiefs et bien des commandements par la suite. Son honnêteté allait être, plus tard, gravement mise en cause, et un retentissant procès devait contribuer à jeter l'opprobre sur sa mémoire – mais, aujourd'hui encore, certains de ses descendants défendent bec et ongles son honneur. La charge d'amiral de France était importante dans une époque où l'on venait de découvrir le Nouveau Monde et où l'Amérique du Sud se trouvait partagée, déjà, entre le Portugal et l'Espagne. Le roi Jean III alla-t-il, dès 1531, jusqu'à soudoyer Philippe de Chabot pour que la France se tînt à l'écart du Brésil ? C'est ce que semblent avancer les historiens portugais... Le favori n'en soutint pas moins, au nord de ce continent, les explorations magnifiques de Jean de Verrazane et, surtout, de Jacques Cartier – allant, pour aider ce dernier, jusqu'à forcer la main du roi.

Le premier à la Cour, sans doute, Chabot de Brion avait pris la mesure des changements de l'après-Pavie – ou, plus exactement, de l'après-Madrid... Il avait compris que le vent était en train de tourner et que le roi n'était pas aussi inchangé qu'il voulait le paraître. Surtout, il saisit tout de suite l'importance d'Anne de Pisseleu et la traita, d'entrée de jeu, comme le nouvel astre. Au moment du retour des princes, il choya tout aussi naturellement le dauphin François, parce qu'il incarnait l'avenir, et se tint en revanche à distance de la nouvelle reine qui, elle – et c'était son paradoxe – lui semblait un pénible rappel du passé.

Un parti se forma. Le chef en était moins, pour tout dire, Philippe Chabot de Brion que la favorite elle-même, certainement pas plus ambitieuse que lui, mais sans doute plus vive et incomparablement mieux placée. Bientôt, elle ferait et déferait les carrières, plaçant partout les siens, faisant par exemple de son oncle, simple abbé, un évêque, puis un archevêque, un jour un cardinal... Ouverte à l'air du temps, comme nous pourrions dire, et aux idées nouvelles, Anne de Pisseleu – qui allait devenir, en 1536, la duchesse d'Étampes – n'était nullement fermée aux principes évangéliques, alors en pleine expansion. C'est ce qui devait la rapprocher de la sœur du roi, que l'on vit de plus en plus souvent, sinon en compagnie de la favorite elle-même, du moins dans la proximité du dauphin, de Chabot, de tout ce petit monde...

L'évangélisme en question n'était pas à proprement parler un courant de la Réforme ; mais il allait dans le même sens. Son instigateur en France avait été Guillaume Briçonnet, disciple de Lefèvre d'Étaples et directeur spirituel de Marguerite de Navarre. Évêque de Meaux, ce brillant prêcheur avait instauré dans son diocèse un cénacle où se retrouvaient de bons connaisseurs de la Bible : Guillaume Farel, Michel d'Arande, Gérard Roussel... Tous ces bons esprits prônaient avant tout un retour aux Saintes Écritures et une pratique religieuse recentrée sur le Christ ; cela s'identifiait chez eux à une quête de la vérité et de la pureté. Ils n'avaient nullement l'intention de s'en prendre aux institutions en général et à la monarchie en particulier. Bien au contraire, ils cherchaient à se rapprocher du trône autant que possible, et espéraient trouver en Marguerite de Navarre une interprète auprès du roi. À défaut, la favorite et l'amiral de Brion pourraient leur tendre un marchepied...

Précisons que, à son retour de Madrid, François Ier s'était nettement opposé à la Sorbonne – la redoutable faculté de théologie de l'université de Paris – et, comprenant qu'il ne pourrait compter sur le Parlement pour la freiner, avait interdit la publication des *Annotations* de son doyen, Noël Béda, très opposées à Lefèvre, à Briçonnet et autres hérétiques de Meaux. Puis le roi, sans doute conseillé en cela par sa sœur – et malgré les avis d'une mère qui, encore active alors, se méfiait des adeptes de Briçonnet –, avait purement et simplement privé le Parlement de tout droit à poursuivre l'hérésie. Les tenants de l'évangélisme en avaient conclu, un peu vite, à la bienveillance du souverain. En vérité, comme toujours, François s'était raidi contre des potentats qui, sans le dire, s'attaquaient à sa prééminence ; ayant marqué son territoire, il ne devait pas dévier pour autant de la plus parfaite orthodoxie religieuse.

Gérard Roussel, devenu l'aumônier de la reine de Navarre, fut accusé par la suite, à plusieurs reprises, d'avoir prêché l'hérésie au Louvre, devant une partie de la Cour. Or, de nouveau, François défendit sa sœur et ses protégés et, tout en laissant des licenciés de la Sorbonne prêcher, dans tout Paris, contre les errances des évangélistes, s'assura qu'on ne ferait pas de mal à maître Roussel... Cela ne changeait rien au fond de l'affaire. Car ce que ne comprenaient sans doute pas les tenants de l'évangélisme, c'est que le simple énoncé de leurs idées était, en soi, porteur de remises en cause profondes et que leur seule existence était un ferment de révolution qui s'ignorait. Avec un peu d'expérience de la chose publique, ils auraient deviné que, un jour ou l'autre, le pouvoir leur ferait payer leur témérité.

*

À la Cour, l'orthodoxie religieuse et, d'une certaine façon, politique, s'incarnait dans la figure puissante et rassurante du grand maître de France. Anne de Montmorency – maréchale depuis 1522 – était d'aussi vieille souche, et plus, aussi riche, et davantage, que Chabot de Brion ; mais il possédait de surcroît la force, pour ne pas dire la brutalité, des combattants endurcis. Le maréchal était, lui aussi, apparenté à la famille royale – et lui aussi, par son mariage avec la fille d'un enfant naturel de prince, en l'occurrence le grand René de Savoie.

Montmorency ne s'embarrassait guère de questions philosophiques : il défendait la paix avec l'empereur pour éviter une guerre fratricide entre bons catholiques ; il faisait sa cour à la nouvelle reine parce qu'elle était la sœur de l'empereur et à la grande sénéchale de Brézé – notre Diane de Poitiers – parce qu'elle affichait une fidélité sans faille aux principes instaurés par Louise de Savoie. Par elle, il s'était naturellement rapproché du second fils du roi, Henri, duc d'Orléans – le futur Henri II – dont il allait même devenir l'initiateur militaire et, finalement, le mentor.

On ne dira jamais assez quel traumatisme avait été, pour les jeunes princes, leur captivité de quatre ans en Espagne. Peu à peu coupés de leur suite française, mal servis, puis vraiment maltraités, ils avaient presque perdu l'usage de leur langue maternelle et des manières de la Cour. L'aîné, François, avait fui la situation dans une sorte de perversité qui le rendait imprévisible ; mais c'est Henri qui devait montrer le plus de séquelles de ce trop long et précoce emprisonnement. Le roi, au moment du retour de ses fils, avait confié plus ou moins ce dernier aux soins de la grande sénéchale, la priant de le policer et de lui rendre, autant que possible, forme princière. Diane en avait fait son affaire et, se prenant au jeu, avait éduqué ce chiot hirsute comme son propre fils. Elle avait vingt ans de plus que lui, et l'avait autrefois langé… Henri, de son côté, se mit à éprouver une telle admiration pour cette femme infiniment belle qu'il en devint amoureux. La plupart des historiens se sont mépris, me semble-t-il, sur la nature de l'idylle unissant le futur Henri II à celle que nous appelons Diane de Poitiers. Plus qu'une maîtresse, bien plus qu'une courtisane, le prince crut avoir trouvé dans cette femme une Dame enfin digne de l'univers idéal d'*Amadis de Gaule* ; dès lors il lui offrit l'hommage d'une forme aboutie de sentiment courtois.

Ami de Diane, conseiller d'Henri, Montmorency partageait leur conception traditionnelle de la monarchie et de la religion. Il était loin d'imaginer qu'un jour ses propres neveux, dont l'amiral de Coligny, conduiraient en France le mouvement réformé ! Parfaitement conservateur, le maréchal prêtait une oreille bienveillante aux admonestations de la Sorbonne et s'inquiétait comme elle de ce qu'il regardait comme les « dérives évangéliques ». C'est dire s'il se méfiait des esprits avancés qui, dans l'entourage du dauphin, de l'amiral et de la favorite – et plus encore dans le sillage de la reine de Navarre – prétendaient mettre en discussion les dogmes les plus sacrés de l'Église romaine.

Pouvoir, amour et religion – n'oublions pas les intérêts d'argent, partout présents : les conditions étaient réunies pour un combat feutré, mais mortel, sur fond de tentures de Bruxelles et de cuirs de Cordoue... Entre le parti du dauphin, incarné par la triade Chabot-Pisseleu-Navarre, et celui de la reine, derrière la triade Montmorency-Brézé-Orléans, les querelles n'allaient plus faire que s'enfler et s'envenimer. Le début du *second règne* voyait briller, surtout, Chabot de Brion ; mais pour combien de temps ? À n'en pas douter, Montmorency aurait son heure... Un périlleux jeu de bascule venait de commencer. Décidément, un arbitre y faisait défaut ; il n'avait pas fallu longtemps pour que, Madame disparue, la cour de son fils se délitât et devînt le terrain de luttes intestines.

*

Ce duel collectif masquait à grand-peine une rivalité plus sourde, animale en somme, entre les deux plus belles femmes de la Cour. Diane de Brézé avait sept ou huit ans de plus qu'Anne de Pisseleu, mais cela se voyait à peine. La légende veut que leur haine soit née lors d'un tournoi, à l'occasion d'une sorte de concours de beauté. Il semble tout simplement qu'elles fussent nées pour s'affronter en tout : leurs origines, leurs relations, leurs tendances religieuses les éloignaient ; leurs visions d'un avenir idéal différaient en tout point. Entre la jeune amante d'un roi vieillissant et l'amie vieillissante du jeune prince naissait une sourde haine, de celles qui se perpétuent de nombreuses années, entraînant d'incalculables conséquences.

La sénéchale rêvait, pour son pupille énamouré, d'un mariage qui les apparenterait. Elle avait à Florence une jeune cousine, Catherine, de la très riche maison de Médicis ; le grand-père de l'enfant et sa propre grand-mère étaient frère et sœur. Surtout, Catherine était la nièce du pape Clément VII, ce qui – outre l'immense fortune dont elle était l'héritière – faisait d'elle un parti possible pour un prince cadet. Quels stratagèmes Diane mit en œuvre pour arriver à ses fins, les archives n'en ont pas retenu le détail ; mais elle fit si bien, en tout cas, que le roi ne voulut bientôt plus entendre parler, pour son deuxième fils, d'une autre candidate. Il voulait pour Henri la Grosse Banquière, comme on l'appelait déjà dans l'entourage de la favorite.

Le mariage du duc d'Orléans et de la jeune Médicis fut célébré à Marseille, en octobre 1533. C'était une solennité ; la présence du pape en fit un événement. Clément VII était payé pour se méfier de l'inconstance de François Ier ; il veilla de près, personnellement, à la consommation de l'union, et espérait que sa nièce serait enceinte avant qu'il ne repartît pour Rome. Ce ne fut pas le cas, et pour cause : un désaccord anatomique devait rendre le jeune couple stérile pendant dix longues années ! Le pontife l'ignorait alors ; à sa nièce, il avait lancé : « À fille d'esprit, les enfants ne manquent jamais. »

Diane de Brézé était l'âme de ce mariage ; la mort du pape, moins d'un an plus tard, allait ruiner les calculs de la cour de France et diminuer d'autant son propre crédit. Mais que lui importait, au fond : son tendre prince était à présent de sa parentèle... Elle allait faire de son mieux, des années durant, pour protéger son ménage contre toutes les attaques, et soutenir, à bout de bras, cette cousine à héritage dont la postérité voudrait faire à tout prix sa rivale.

9

Bûchers, autodafés

Au temps de la libération du roi, une affaire avait agité Paris et justifié, depuis Amboise, son intervention : l'instance introduite par la Sorbonne contre un gentilhomme parisien d'origine artésienne, grand ami d'Érasme, Louis de Berquin. Esprit fort que ce Berquin, habile tribun de surcroît et adversaire acharné du pape, ce qui le rapprochait des luthériens et inquiéta jusqu'au chancelier. La princesse Marguerite avait pu, à temps, intervenir en sa faveur ; mais en juin 1528, profitant de l'émotion causée par un sacrilège commis au faubourg Saint-Antoine, des ennemis cachés du bonhomme relancèrent son procès. Condamné à l'amende honorable pour « avoir tenu la secte de Luther » – la peine, humiliante, consistait à s'accuser soi-même et à se repentir en public –, Berquin eut aussi, tout de même, la langue percée au fer rouge et le front marqué d'une fleur de lys... Allait-il enfin se taire ? Non. Il en appela au roi ; aussitôt les juges, par un nouvel arrêt, le condamnèrent au bûcher comme « hérétique opiniâtre » et firent exécuter la sentence « en grande diligence afin qu'il ne fût secouru ni du roi ni de Madame la régente qui étaient lors à Blois », précise cet auteur anonyme qu'on appelle le Bourgeois de Paris.

Berquin n'était en vérité que le premier d'une sinistre série ; suivraient le curé de Condé, dans le diocèse normand de Séez, puis le bachelier Jean de Caturce, à Toulouse, eux aussi brûlés vifs... Il n'en fallait pas davantage pour insinuer partout la peur. La propre sœur du roi ne resta pas longtemps à l'abri des accusations : on la suspecta d'hérésie – or, son frère, décidément ingrat, osa lui en demander raison ! La Faculté se crut dès lors assez forte pour aller jusqu'à frapper d'interdit *Le Miroir de l'âme pécheresse*, dernier livre en date de cette princesse amie des Lettres. Quant à son humaniste de valet, Bonaventure Des Périers, une tradition remontant à 1566 affirme qu'apprenant l'arrestation de son éditeur, le gentil poète, auteur du *Cymbalum mundi* (le *Carillon du monde*), se donna la mort en se jetant lui-même sur son épée ! « L'ouvrage était du fatras de plat écolier, dit Voltaire ; il n'y avait pas un seul mot qui eût le moindre et le plus éloigné rapport aux choses que nous devons révérer ; mais les docteurs criaient à l'hérétique, à l'impie, à l'athée ! Depuis ce temps-là, on a relu le *Cymbalum*, et l'on n'y a plus trouvé que de l'ennui. »

*

Or, en ces temps de forte crispation, la ligne de conduite de François Ier était incernable ; certes, il paraissait irrité par les troubles et les tensions que généraient les contestataires ; mais, dans le même temps, il refusait de partager l'aversion des théologiens pour les prétendus hérétiques ; même, il semblait éprouver de la satisfaction à réfréner, au cas par cas, l'action oppressive de la Sorbonne et du Parlement. L'influence de sa sœur, appuyée par le parti du dauphin, se faisait sentir dans la volonté royale de temporiser autant que possible et de pousser à la conciliation.

C'est ainsi que le monarque prit la décision d'envoyer en Allemagne un émissaire en la personne de Guillaume du Bellay, à la rencontre des principaux tenants de la Réforme – dont Mélanchthon, grand ami de Luther. Dans son esprit, il s'agissait sans doute, avant tout, de renforcer l'alliance avec les princes allemands réunis dans la ligue de Smalkalde. Mais ce rapprochement au plus haut niveau laissait aussi entrevoir une chance historique – inespérée pour le roi de France – de contribuer à rétablir, avec la bénédiction du pape Clément et à la barbe de l'empereur Charles, l'unité perdue de la chrétienté. Rien de moins ! Une telle perspective, aujourd'hui, peut paraître irréaliste ; sur le moment, la voie était ouverte et le pari possible. François allait-il saisir sa chance, et entrer dans les annales comme le grand conciliateur de son siècle ?

Bien sûr que non. Nous le connaissons assez, maintenant, pour savoir qu'il en était incapable...

Non seulement il laissa filer cette chance inouïe, mais il choisit, au dernier moment, la voie opposée. Effrayé peut-être par la perspective qui s'entrouvrait devant lui, il sauta sur le premier prétexte de donner une fois de plus libre cours à l'espèce de vanité qui le rendait ivre de rage, dès qu'il sentait son pouvoir menacé. Ce prétexte, ce fut l'affaire dite des Placards. Dans la nuit du 17 au 18 octobre 1534, à Paris, à Orléans, à Amboise où se trouvait la Cour, des affiches furent placardées – d'où le nom de *placards* – sous le titre « Articles véritables sur les horribles, grands et importables abus de la Messe papale inventée directement contre la Sainte

Cène de Notre Seigneur seul Médiateur et sauveur Jésus-Christ ». C'était une provocation sans exemple, et d'autant plus que des placards s'étaient retrouvés jusque sur la porte de la chambre royale ! Aux yeux des autorités, cet affichage simultané, en plusieurs points du royaume, de textes imprimés, paraissait trahir un complot – mais quel complot, au juste ?

Ce que recelait un tel scandale, personne à ce jour n'a pu clairement l'établir. Il paraît bien étonnant qu'il ait pu éclater spontanément, au moment même, et dans le lieu précis, où commençait à s'entrevoir l'esquisse d'une entente entre les deux camps… Si l'on cherche « à qui profita le crime », il est probable que les luthériens seront mis hors de cause – car ils en furent les victimes principales ; à Paris, on brûlait déjà un cordonnier, un drapier, un imprimeur, un tisserand, un libraire et un maçon – tous convaincus de luthérianisme… On aurait voulu saboter les efforts du parti du dauphin qu'on ne s'y serait pas pris autrement. Aucune preuve, certes ; uniquement des doutes ; et une seule certitude : la réaction du roi. Elle fut forte et implacable, mais un peu décalée dans le temps – trop décalée, en vérité, pour n'être pas suspecte d'opportunisme.

*

Le début de l'année 1535 fut ainsi placé sous le signe de la contrition et de l'autorité. Le 13 janvier, le roi, purement et simplement, fit interdire l'imprimerie ! Cette activité, faut-il le rappeler, était alors naissante, et le nombre de presses encore assez limité pour rendre possible une telle mesure. Néanmoins, sa violence et son caractère extrême furent durement ressentis ; d'ailleurs, assez vite, on rapporta la décision, et les textes imprimés furent seulement – si l'on peut dire – soumis à l'approbation d'une commission. C'était le début de la mainmise de l'État royal sur l'imprimerie ; elle devait se perpétuer, sous diverses formes, jusqu'à la Révolution...

Le 21 janvier, François, en « robe de velours noir », conduisit à travers la capitale une sombre procession expiatoire, digne des pires États théocratiques. Il s'agissait d'expier pour les erreurs commises contre « la bonne doctrine ». Un cierge à la main, le roi proclama : « Je veux que lesdites erreurs soient chassées de mon royaume, et n'en veux aucune excuser, en sorte que si un des bras de mon corps était infecté de cette farine, je le voudrais couper, et si mes enfants en étaient entachés, je les voudrais moi-même immoler. » Cette bruyante exhibition d'intolérance s'acheva par la montée au bûcher de six hérétiques, signal d'une répression désormais sans merci.

Non, vraiment, François ne serait pas le conciliateur de son siècle... On imagine la consternation de l'amiral et de son entourage... Il est vrai que, avec les beaux jours, le roi devait renouer avec un peu plus de douceur. Le 16 juillet, l'édit de Coucy suspendit ainsi, pour un temps, les procès en hérésie – ne fût-ce que pour ménager les alliés luthériens de la France... Voltaire accable à ce propos le monarque et déplore « ce funeste contraste de faire brûler à petit feu dans Paris des luthériens, parmi lesquels il y avait des Allemands, et de s'unir en même temps aux princes luthériens d'Allemagne, auprès desquels il est obligé de s'excuser de cette rigueur, et d'affirmer même qu'il n'y avait point eu d'Allemands parmi ceux qu'on avait fait mourir ».

*

Allemands ou non, les gens de religion ne furent pas les seuls engloutis par cette vague d'intolérance. Sous François Ier, la police de la pensée devait opprimer aussi bien les consciences de nombre d'écrivains laïcs. François Rabelais ? Obligé, début 1535, de quitter Lyon en catastrophe et, onze ans plus tard, d'abandonner la France pour aller chercher refuge en terre impériale – au même moment, son ami le poète et imprimeur Étienne Dolet, lâché par le roi, serait brûlé à Paris, place Maubert... Clément Marot ? Contraint à l'exil, pour deux versets d'une traduction des psaumes hébraïques ; il finirait ses jours à Turin... On persécuta le grand Robert Estienne, auteur du *Thesaurus*, pour une Bible qu'il avait imprimée dans une version non agréée, ce qui le fit se réfugier à Genève. Le logicien Pierre de La Ramée ? Le roi lui-même, par commission, le fit frapper d'interdit, priver d'écrire et d'enseigner, et laissa détruire ses livres. Jules César Scaliger ? Mis en accusation sous le chef d'hérésie ! Jusqu'à Guillaume Budé, pourtant bibliothécaire de Fontainebleau, qui se plaignait d'être raillé, brocardé jusque dans l'entourage du roi.

« Quand on voit de tels hommes interdits de toutes fonctions, écrit Pierre-Louis Roederer, bannis de leur patrie comme hérétiques, pour leurs œuvres ; [...] en un mot, quand la persécution est parvenue à un tel point, que d'avoir dans sa maison, sans le savoir peut-être, un livre qu'on croit irréprochable, est un danger d'exil, de prison, de confiscation, de mort même... ; si l'on jette alors un regard sur l'auteur de ces calamités, sur François Ier, et que la mémoire rappelle le titre de *Père des Lettres* dont il est décoré, on est stupéfait. »

*

Le Père des Lettres... On colporte ce beau titre à l'infini, sans savoir qui l'a décerné au monarque, et dans quelles conditions. La propagande officielle était si grossière, alors, et les rimeurs appointés si flatteurs, qu'on ne peut prêter le moindre crédit à ce genre de titre. Père des Lettres, François Ier ? Lui qui laissa si bien persécuter les littérateurs de son temps ? « Amoureux des Lettres, en tout cas, plaideront ses partisans. Après tout, lui-même a beaucoup écrit... » Parlons-en ! Je n'aurai pas la cruauté de recopier les missives d'un roi qui écrivait phonétiquement, mais ne puis passer sous silence la fréquente trivialité de son inspiration. Voici par exemple ce qu'écrivait François à l'une de ses conquêtes, sans doute un peu rétive à ses yeux – on a rectifié l'orthographe :

> *La cire fond au feu sans peu d'attente ;*
> *La fange aussi, en chaleur véhémente,*
> *Sèche devient : par moi le puis savoir*
> *En mon malheur.*

Jolie métaphore, et galante... Mais ne perdons pas de temps en broutilles. Il est plus important de rappeler que, en dehors de ceux de Rabelais, les ouvrages de qualité parus sous ce règne furent en très petit nombre, et que les grands auteurs de la Renaissance française, de Montaigne à Ronsard, ne s'illustrèrent que plus tard, une fois François disparu.

*

Il convient ici de dénoncer un autre mythe, tout aussi fallacieux que le titre de Père des Lettres : François Ier aurait fondé, aux alentours de 1530, le prestigieux Collège de France. D'ailleurs, la statue de Budé, dans la cour d'entrée de la rue Saint-Jacques, est censée rappeler toujours le rôle influent de l'humaniste dans l'émergence de ce projet impérissable.

Hélas pour lui, et pour le roi, et pour le règne, ce qui fut alors mis sur pied n'était pas, il s'en faut, la vénérable institution que nous connaissons, avec ses amphithéâtres et sa bibliothèque, avec surtout ses quarante-cinq chaires, couvrant sept vastes domaines de la recherche, et où peuvent librement se faire entendre de grands esprits du temps. Rien de tout cela n'exista sous le roi François. Les bâtiments eux-mêmes, c'est Henri IV qui les envisagea, au siècle suivant, puis Louis XIII et ses successeurs qui les firent ériger. Quant au principe d'un enseignement libre, confié à une sorte d'aristocratie du savoir, il mit des siècles à s'établir et s'imposer vraiment.

« Qu'importe, diront les défenseurs du monarque, c'est tout de même bien François Ier qui institua les tout premiers *lecteurs royaux* ! » Peut-être. « Et c'est bien lui qui eut l'idée d'un corps professoral soutenu par le pouvoir civil, face aux rigidités de l'enseignement religieux ! » Peut-être pas... La vérité, c'est que, vers 1530, le roi François établit « dans l'Université de Paris » – ce sont les propres termes de Garnier, si laudateur et plein d'égards envers le souverain – trois chaires, tenues par six professeurs appelés « trilingues » : une d'hébreu, une de grec, une de latin. On y ajouta par la suite une chaire de mathématiques, puis deux autres, pour la médecine scolastique et la philosophie scolastique – autant dire des enseignements bornés par la double révérence aux Anciens et aux Pères de l'Église. Ces fameux lecteurs royaux, physiquement dispersés dans les différents collèges et gagés à six cents écus d'or – une fortune, reconnaissons-le, mais qui ne leur fut jamais versée de façon régulière – étaient soustraits à la juridiction de la Faculté de théologie. À quelle fin ? C'est ici que le bât blesse un peu : l'idée du pouvoir royal était de semer le trouble au sein du corps électif de l'Université, et de sanctionner l'indiscipline dont la Sorbonne s'était rendue coupable, au temps de la captivité. En privilégiant un petit corps d'enseignants bien appointés et dispensés de tout contrôle du doyen, on pouvait être, en haut lieu, certain d'aiguiser quelques jalousies… Disons-le donc clairement : l'institution des lecteurs royaux, à l'origine lointaine du Collège de France, obéit davantage à un souci de reprise en main par la royauté qu'à un quelconque idéal d'indépendance. La – tardive – prise de distance du Collège fut un effet induit, non la fin poursuivie.

*

Outre la question, anecdotique en soi, de cette paternité usurpée du Collège de France, et au-delà du sort réservé aux littérateurs, ce qui nous importe, après cinq siècles, c'est bien le fond de la politique religieuse de François Ier. Politique moins équilibrée, beaucoup moins modérée qu'on ne l'a dit. Jean Jacquart tire à ce propos une conclusion toute en nuances. « L'ampleur de la répression sous Henri II, les horreurs, d'ailleurs réciproques, des guerres de Religion, et tant d'autres massacres plus récents provoqués par la haine ou l'intolérance, peuvent faire paraître la persécution de la Réforme, du vivant de François Ier, comme relativement légère. Mais ce qui importe, au-delà de l'horreur des faits et de la responsabilité personnelle de l'homme-roi, c'est l'importance historique du choix fait par le roi de France entre 1533 et 1540. Déjà propriétaire, ou au moins usufruitier [...] des richesses de l'Église de France, François n'a pas eu, comme certains souverains, la tentation de passer à la Réforme pour s'approprier les biens du clergé. Il en disposait. Bien que relativement indifférent aux questions de dogme et assez ouvert aux nouvelles idées, il a refusé de suivre sa sœur sur les chemins de l'évangélisme, même modéré, et de la tolérance, au demeurant bien étrangère à l'époque. » Le biographe s'interroge alors sur les motifs. Pourquoi cette frilosité royale ? « Par respect de la tradition ? Par conviction personnelle ? Par intérêt monarchique ? Pour ne pas donner d'armes idéologiques à son rival ? Pour complaire aux corps d'officiers, [...] hostiles aux nouveautés ? Qui peut le dire ? Sans doute pour chacune de ces motivations en même temps, mais Dieu seul peut sonder les reins et les cœurs, pas l'historien. » M. Jacquart avait raison, naturellement ! Mais, parfois, la tentation est grande d'aller un peu plus loin...

10

Le temps des supplices

À l'extérieur, la politique de François Ier était conditionnée, presque entièrement, par les hauts et les bas de son contentieux avec Charles Quint. Depuis deux décennies bientôt, il était comme obsédé par cette irréductible rivalité ; pour un peu, il se serait déterminé moins en fonction des intérêts du royaume que par rapport à ceux de l'Empire, qu'il s'agissait à ses yeux de contrecarrer à tout prix. Ses ennemis étaient ceux qui pactisaient avec Charles ; ses alliés ceux qui pouvaient le gêner ou le combattre. Hormis l'Angleterre et la papauté, qui passaient alternativement d'un camp à l'autre, les puissances d'Europe se pliaient à cet antagonisme. François voulait contrarier Charles ; d'où son alliance forcée avec les princes luthériens d'Allemagne ; d'où, plus forcé encore, son rapprochement avec les Turcs !

Déjà, lorsqu'il assiégeait Pavie, le « chef des Francs » avait reçu de Soliman le Magnifique un émissaire qui avait fait sensation. Puis, au temps de la captivité, la régente avait à son tour envoyé vers Constantinople un messager qui s'était fait trucider, quelque part, dans les Balkans… Par la suite, François avait intensifié les échanges et adressé au sultan, à la faveur d'une guerre pour le trône de

Hongrie, le mystérieux Antoine de Rincon, transfuge espagnol. N'avait-il pas même été jusqu'à encourager un débarquement turc en Italie ? Encore et toujours le vieux rêve milanais... Comme le disait Thomas Cromwell, alors proche du roi d'Angleterre, François n'eût reculé devant rien pour reconquérir Milan, fallût-il pour cela « ouvrir les portes de la chrétienté au Grand Turc ou au diable en personne ».

La France entretenait aussi – et c'est moins facile à défendre – des liens avec les corsaires algérois qui ravageaient la Méditerranée pour y trouver des esclaves. En juillet 1533, alors que le roi était au Puy, Rincon mena jusqu'à lui une ambassade envoyée par le chef des pirates, Khayr al-Din (dit Barberousse) ; s'y joignait, embarrassant présent diplomatique, tout un lot de pauvres captifs, encore enchaînés... Pendant ce temps, à Marseille, onze navires débarquaient une délégation ottomane que François devait, un peu plus tard, recevoir à Châtellerault. Et, l'année suivante, un accord général serait passé, en grand secret, pour que la flotte barbaresque vînt ravager les côtes – alors impériales – de la Corse et de la Ligurie !

Que faisait Charles Quint, pendant ce temps ? Le 14 juin 1535, il infligeait au pirate Barberousse la plus cuisante des défaites : dans la rade de La Goulette, quatre-vingts navires barbaresques étaient envoyés par le fond ! L'empereur ne tarda pas à entrer dans Tunis où vingt mille esclaves et davantage encore de prisonniers – en tout près de soixante-dix mille Européens – enfin libérés, l'acclamèrent et le bénirent. On peut supposer que François, apprenant la nouvelle, regarda le bout de ses bottes... Le grand historien écossais Robertson écrit, au XVIIIe siècle : « La renommée de Charles éclipsa alors celle des autres monarques de l'Europe. Tandis que tous ces princes ne s'occupaient que d'eux-mêmes et de leurs intérêts particuliers, il se montra digne d'occuper le rang de premier prince de la chrétienté, en paraissant ne songer qu'à assurer le bien-être et la tranquillité de l'Europe. »

Plus près de nous, Jean Jacquart : « La grande nouveauté du règne de François Ier, c'est l'alliance, d'abord secrète, finalement avouée, avec la puissance turque. Il faut bien prendre la mesure du choc que cela représentait pour les puissances voisines de la France, même pour ses amis, et vraisemblablement pour bon nombre de sujets du roi : les Turcs, c'était l'Islam, ennemi juré de la foi chrétienne ; c'étaient la destruction de l'Empire byzantin, le joug de l'Infidèle sur la Terre sainte et les vieux patriarcats orientaux ; c'était la piraterie des corsaires Arroudj et Khayr al-Din [...] ; c'étaient les esclaves condamnés à ramer sur les galères barbaresques et amenés, parfois, à renier leur foi ; c'étaient les pillages et les destructions des villages chrétiens des Balkans. » Fallait-il que la haine de François envers Charles fût grande, et même irrationnelle, pour que le roi, passant outre à ses préventions naturelles, ait maintenu envers et contre tout ce pacte avec le Grand Turc !

*

Au fil des années, Charles Quint était devenu, en quelque sorte, l'*anti-François Ier*. Quand l'autre se montrait toujours plus cynique et plus versatile, lui demeurait scrupuleux et fiable. Alors que son ennemi donnait à toute l'Europe l'exemple des pires compromissions, lui, au contraire, se voulait le modèle d'une certaine droiture dans l'exercice du pouvoir. « L'esprit rectiligne et conformiste du Habsbourg ne pouvait admettre ni comprendre des agissements dont il était scandalisé, écrit Philippe Erlanger. Était-il concevable que le Roi Très Chrétien s'alliât au Grand Turc et subventionnât des hérétiques ? [...] Ce n'était pas seulement une époque, c'étaient une éthique, une morale qui disparaissaient. Et Charles, fidèle à sa conception peut-être étroite, mais non dépourvue de grandeur, se sentait responsable du vieil édifice près de s'écrouler. »

À la cour de France, le premier partisan de la paix avec l'empereur était le grand maître de Montmorency. Il avait fort à faire, le roi restant obnubilé par le Milanais – malgré La Bicoque et Pavie et le reste. « Quelle obstination dans la convoitise chez un roi, François Ier, si changeant pourtant dans ses humeurs, ses plaisirs et ses menus projets, écrit Marc Blancpain dans sa biographie du grand maître de France. Son ambition milanaise lui a valu, au début de son règne, deux échecs cuisants, et le second fut humiliant et cruel ; voici pourtant qu'en 1536 encore, cessant d'écouter le plus avisé et le plus fidèle de ses conseillers, il reprend sa chimère ! » Lorsque, le 1er novembre 1535, François Sforza, duc de Milan, était mort sans héritier, la couronne de France avait *illico* réclamé le duché pour le prince Henri, duc d'Orléans. Charles Quint, conciliant, proposa de l'attribuer plutôt au plus jeune fils du roi, le prince Charles, duc d'Angoulême. Montmorency se hâta d'appuyer la proposition impériale. Seulement, l'amiral Chabot de Brion était là qui soufflait sur les braises et n'espérait que la reprise des hostilités... C'était aussi l'aspiration secrète du roi : les mois passant, François s'éloignait du grand maître et du parti de la reine – malheureuse Éléonore qui ne souhaitait qu'éviter la guerre entre son frère et son époux, « les deux grands luminaires de la terre » !

Tout en conservant à Montmorency ses titres et commandements, le monarque lui ôta donc, une à une, ses attributions politiques, pour les confier à Chabot. Moins étrangère qu'il n'y paraît à certaines manœuvres, la reine de Navarre joua son rôle : elle fit retirer à la maréchale de Châtillon, sœur du grand maître, sa charge de dame d'honneur de la reine. La nouvelle en revint-elle aux oreilles de Charles Quint qui, à titre privé, s'en plaignit à l'ambassadeur de France ? Aussitôt, cet avis fut exploité par le parti du dauphin, « où l'on ne respirait que la guerre » : l'intervention de l'empereur était, dit-on, la preuve qu'Anne de Montmorency était à la solde de Tolède. Pour le grand maître de France, l'heure de la disgrâce approchait. L'amiral put s'en réjouir : ayant réuni à Lyon l'armée royale, il fêtait déjà son triomphe en marchant sur la Savoie et le Piémont.

Cette fois, aux yeux de l'empereur, la mesure était pleine. Alors que, vainqueur des Barbaresques, Charles avait passé à Naples une partie de l'hiver, il fit route sur Rome et approuva les doléances du pape Paul III contre ce roi de France, ami des Turcs et suppôt de Satan ; puis, devant le Sacré Collège réuni en grande pompe, l'empereur prononça un vibrant discours, digne des anciennes *Philippiques* de Démosthène et de Cicéron. C'était le 17 avril 1536. « Ardent de colère, le visage sévère et fâché », dit un témoin, Charles Quint fit, durant une heure, l'énumération de tous les griefs qu'il avait, au fil des ans, accumulés contre François Ier. Ainsi prenait-il la chrétienté entière à témoin de sa bonne foi, rappelant les félonies multiples du roi de France. Enfin – non sans avoir imploré du Saint-Père un arbitrage en faveur de la paix – il proposa, une fois de plus, de défier François en combat singulier. En chemise, cette fois, avec l'épée et le poignard, dans un bateau ! Martin du Bellay, dans ses *Mémoires*, prétend que les ambassadeurs du roi auprès du Saint-Siège omirent de lui faire parvenir le cartel de défi de l'empereur. Voilà qui est bien improbable, comme le pense Montaigne lui-même : « J'ai trouvé bien étrange, écrit-il, qu'il fût en la puissance d'un ambassadeur de dispenser, ménager sur les avertissements qu'il doit faire à son maître, mêmement de telle conséquence, venant de telle personne et dits en si grande assemblée. Laisser le maître ignorant de ses affaires, lui altérer ou cacher la vérité, de peur que cela ne le pousse à quelque mauvais parti… […] Je ne voudrais pas être servi de cette façon en mon petit fait. »

Si François Ier feignit de n'avoir pas eu connaissance de cette mise au défi, il n'en fit pas moins le compte de ses soutiens : ils étaient maigres. Le roi d'Angleterre, libéré de sa première épouse et à deux doigts de se débarrasser de la deuxième, n'avait alors aucun besoin de lui ; les princes allemands étaient écœurés de la répression ordonnée contre leurs frères luthériens ; les Italiens n'en pouvaient plus d'être les dupes de la France ; même le Grand Turc en était à panser ses plaies… La guerre outremonts serait sévère. C'est alors que, nécessité faisant loi, François fit volte-face et se rapprocha de Montmorency : exaspérant en temps de paix, le maréchal lui paraissait indispensable en temps de guerre.

*

Du jour au lendemain, tout se mit à sourire à M. le Grand Maître. On rappelle sa sœur, on affecte son beau-frère à la défense de la Somme, son lieutenant général, Clermont, à celle des Pyrénées, son meilleur ami, d'Humières, à celle des Alpes… Montmorency déploie une activité formidable, tout en conservant la hauteur de vues et la vigilance propres aux grands stratèges. « Il connaît son roi, écrit Marc Blancpain, et craint que François, fougueux, impatient, fier, ne bouscule ses plans en lançant ses troupes contre celles de Charles qui vient d'entrer en Provence par le comté de Nice. Il sait aussi que les Impériaux ont franchi la Somme et il a fait évacuer Chantilly et confié à Du Bellay la défense de Paris que fortifient vingt mille pionniers. »

De son côté, Charles Quint n'a jamais été plus sûr de la victoire. César moderne renouant avec les anciens Césars, il harangue ses troupes et les galvanise : « Si le roi de France avait des soldats aussi braves que vous, tonne-t-il, ou si j'en avais d'aussi mauvais que les siens, j'irais tout-à-l'heure, les mains liées, la corde au col, implorer sa miséricorde ! » Sur quoi, il fait s'avancer loin dans la Provence des troupes impatientes d'en découdre.

En Avignon, le maréchal venait d'exposer, au cours d'un mémorable conseil de guerre, le fond de sa tactique. Il l'avait dit et l'assumait sans ambages : à la tête de troupes moins nombreuses, moins valeureuses et moins bien commandées que celles de l'empereur, il avait pour ambition non de gagner des batailles, mais de sauver le royaume – ce qui pouvait justifier quelques accrocs à l'orthodoxie guerrière… Montmorency ne voulait point frapper l'empereur, mais le piéger ; son idée n'était point de saigner les soldats impériaux, mais de les affamer selon la vieille méthode de la terre brûlée... Hélas pour la Provence : les troupes françaises elles-mêmes allaient se mettre à détruire cette portion du royaume, à la saccager, à l'incendier. Horrible campagne que celle qui ne s'attaque qu'aux granges, aux vergers, aux greniers à grains et aux réserves villageoises ! Guerre sans batailles, plus dure encore, plus intolérable aux populations.

Seulement, le résultat donna raison au maréchal... Tandis que son état-major avignonnais, aussi superbe qu'un antique camp romain, devenait la promenade des dames de la Cour, la faim et la maladie s'emparèrent d'Impériaux incapables de se nourrir, même grossièrement, sur le pays. L'armée ennemie dépérissait à vue d'œil... Sous peu, le grand maître de France allait s'offrir, à la manière de Fabius *Cunctator* – « le Temporisateur » – adversaire désigné d'Hannibal, une victoire sans coup férir. Cela lui vaudrait l'épée de connétable, que François lui décernerait à Moulins, dans l'ancienne capitale de son maudit devancier, Charles de Bourbon.

*

Avant cela survint, dans un ciel presque sans nuage, le plus inattendu des coups de tonnerre : la nouvelle se répandit que, à Tournon, le deuxième personnage du royaume, le fils aîné du roi, venait de mourir ! Que s'était-il passé ?

Le 2 août, alors qu'il s'apprêtait à quitter Lyon pour Valence où l'attendait le roi, le dauphin François avait émis le souhait de disputer une dernière partie de paume dans les prairies d'Ainay. Le prince n'avait que dix-huit ans, sa jeunesse en captivité l'avait rendu capricieux ; il semblait s'ingénier d'ailleurs à suivre la voie tracée par son père et, pour tout dire, entretenait déjà une maîtresse, la superbe Isabelle de Lestrange. Chaleur moite, en ce jour, étouffante même. À l'issue d'une manche de paume effrénée, qui l'avait mis en nage, François voulut boire… Son écuyer, le comte Sébastien de Montecuculli, originaire de Ferrare, lui apporta, dans un potet – un petit pot – de l'eau très froide, « à la glace » dirait-on. Dans l'instant, le prince se plaignit de douleurs violentes et défaillit ; on le porta dans ses quartiers, où il se remit à peu près ; assez, en tout cas, pour se hisser dans une litière et prendre la route, comme prévu, aux côtés de ses frères. Le voyage fut pénible ; le jeune François était la proie de fièvres tenaces, de maux de tête et de ventre. À Vienne, il parut si mal qu'on préféra le transférer sur un coche d'eau qui devait, descendant le Rhône, lui permettre d'effectuer plus doucement la fin du voyage. Mais au soir du 9 août, à hauteur de Tournon, le dauphin parut à la dernière extrémité ; on le débarqua dans l'affolement ; il devait s'éteindre aux toutes premières heures du 10.

L'enquête commença séance tenante. Très vite, on découvrit les circonstances du tout premier malaise. Il paraissait normal, dès lors, d'arrêter l'écuyer ferrarais et de fouiller dans son passé. Mauvais point : les enquêteurs mirent la main, chez lui, sur quelque traité de médecine – assez pour l'accuser d'être un peu chimiste à ses heures – et sur un sauf-conduit impérial… N'avait-on pas affaire à un tueur à gages ? On soumit Montecuculli à la question – entendez : à d'interminables tortures – et le malheureux finit par dire tout ce qu'on voulait… avant de se rétracter. L'autopsie, pratiquée dans les règles par sept médecins et chirurgiens, n'avait certes décelé aucune trace de poison sur le corps du jeune prince – peu importait : l'Italien, ancien sujet de l'empereur, arrivé dans la suite de Catherine de Médicis, devait être – était fatalement – un empoisonneur. On l'accusa, on le jugea, on le condamna, on l'exécuta. Puis on fit courir partout le bruit que Charles Quint, pour affaiblir la France et se venger de son roi, avait commandité le crime. À cette calomnie, l'empereur répondit par une accusation gratuite ; et la rumeur circula bientôt d'un rôle infâme joué par la jeune Catherine de Médicis, à qui profitait cette mort : ne la faisait-elle pas dauphine de France ?

Tout cela est abject. Il est à peu près certain, aujourd'hui, que le pauvre Montecuculli n'avait rien fait de répréhensible ; le dauphin était parti de mort naturelle, d'une pleurésie sans doute, contractée peut-être en Espagne ; et l'irruption brutale d'eau glacée dans son organisme échauffé avait seulement hâté sa fin... Seulement, on souhaitait, au plus haut niveau, en tirer profit pour salir celui dont les troupes écumaient alors la Provence. Pourquoi dis-je : « au plus haut niveau » ? Parce que les juges qui menèrent toute la procédure étaient des commissaires ! Il se trouve que Voltaire, qui avait creusé le sujet à la Bibliothèque du Roi, a été le premier à l'établir : le pauvre écuyer fut jugé, démontra-t-il, non par un tribunal régulier, mais par une commission spéciale, formée de maîtres de requêtes et de conseillers du grand conseil – autant dire des officiers à la solde du roi !

Quoique détestable, la conclusion s'impose alors : François Ier fut impliqué dans cette machination ; tout au moins n'y fut-il pas étranger. C'est lui qui, nécessairement, donna l'ordre de soutenir la thèse absurde de l'empoisonnement – à rebours de l'évidence, mais aussi de toute prudence. Pourquoi un tel aveuglement ? C'est ce qui surprend. Que François Ier, en tant que père, ait subi de plein fouet la mort de son héritier, rien que de légitime ; mais qu'il ait voulu s'en servir politiquement, et qu'il ait ordonné à des commissaires d'accabler pour cela un innocent, voilà qui l'est déjà moins.

Faut-il ajouter que le roi fit exhumer, pour la circonstance, le vieux supplice médiéval, ignoble, de l'écartèlement et qu'il exigea la présence à cette boucherie des membres de la famille royale, des grands officiers de la Cour, des prélats et du corps diplomatique ? Tous se couvrirent alors du sang d'un innocent... Ce ne fut pas, du reste, le seul supplice que ce souverain, à peu près contemporain d'Ivan le Terrible, remettait en vigueur. Deux ans plus tôt, un édit signé de sa main réintroduisait en France l'affreuse peine de la roue ; on sait qu'il appréciait aussi, pour brûler les hérétiques, le recours à ce qu'on appela, par abus de langage, l'« estrapade » – en fait un système pendulaire qui permettait de faire flamber les gens lentement, en les faisant passer dans les flammes au rythme d'un balancier ! À titre anecdotique, certains rois de France sont connus pour avoir promu la poule au pot, ou bien introduit la culture de la pomme de terre... François Ier, lui, aura remis en vigueur trois beaux supplices, tirés du fond des âges : cette « estrapade », la roue et, donc, l'écartèlement. À chacun ses marottes.

11

La longue traversée

« La guerre avait duré bien plus longtemps que ne le permettaient les finances du royaume, raconte Robert J. Knecht ; en une seule année, le roi avait dépensé toutes les économies amassées depuis 1532. Avec les moyens nécessaires, il aurait pu poursuivre l'empereur jusqu'en Italie et le vaincre une fois pour toutes. Dans l'incapacité de combattre sur deux fronts à la fois, François Ier avait dû se consacrer au nord de son royaume et renoncer à une coopération franco-turque. Fort heureusement pour lui, l'empereur était également à bout de ressources. Les deux adversaires terminaient donc à égalité : dans cette partie nulle, François Ier avait encore un pied en Italie, mais il avait perdu du terrain dans le Nord ; la Provence était ravagée, la succession de Milan toujours incertaine. »

Cette aporie seule pouvait donner naissance aux scènes qui allaient suivre, effarantes pour les contemporains. Sans se rencontrer physiquement, les deux ennemis éternels acceptèrent d'abord de venir négocier à Nice l'un et l'autre, sous l'égide du pape Paul III – soucieux de son projet de croisade contre les Turcs. Le duc de Savoie ayant refusé de faire ouvrir sa dernière place forte, le souverain pontife s'installa dans une abbaye voisine, François à Villeneuve, Charles sur sa propre galère, au port de Villefranche. L'empereur rencontra le pape quatre fois, le roi deux fois – à l'issue de quoi, sans avoir rien résolu, l'on décida d'une trêve de dix ans. Or, le pape une fois reparti, les deux ennemis de la veille firent un pas l'un vers l'autre ; à l'initiative de Charles, François accepta de revoir celui qu'il n'avait pas croisé depuis sa prison de Madrid. La rencontre impensable eut lieu à Aigues-Mortes, le 14 juillet 1538. Ce furent les accolades et les embrassades, les remises de décorations, les déclarations sincères au moment où on les prononce…

Pour un peu, ce fatras diplomatique de grands principes débordants de paix, d'alliance et de concorde ferait songer à nos modernes sommets de chefs d'État. Comme eux, il avait le mérite d'exister, et, comme eux, il présentait le risque d'abuser les souverains eux-mêmes, bientôt repartis, mais désireux de croire en leurs protestations mutuelles… L'ambassadeur de Venise, plus réaliste, écrivit alors au Sénat de la Sérénissime : « Entre ces deux seigneurs, je trouve tant et de si grandes différences que, pour les accorder, il faudrait que Dieu refît l'un des deux sur le modèle de l'autre. Tandis que le roi Très Chrétien n'a aucun goût pour le travail absorbant des affaires publiques et va souvent à la chasse et à d'autres amusements, l'empereur n'a souci que de ses obligations et de son agrandissement. Alors que le roi Très Chrétien est simple, ouvert et fort libéral et accepte facilement l'avis et les opinions de ses conseillers, l'empereur est très réservé et tenace pour ce qu'il défend et dur dans ses opinions. Il gouverne par lui-même sans se laisser influencer par les autres. »

*

François vieillissait. Il avait pris du ventre et montrait un visage rougi, bouffi de couperose. Depuis que des abcès très douloureux au périnée réfrénaient ses pulsions, il tendait à devenir fidèle, sinon à sa femme, du moins à sa maîtresse. Ironie de la situation : il semble qu'Anne, de son côté, le fût nettement moins ! Le roi ne joutait plus depuis longtemps, chassait moins souvent, n'envisageait désormais la guerre que de loin, depuis les hauteurs... Il vieillissait et, comme bien des hommes d'action rattrapés par cette réalité, reportait une part de ses ardeurs inemployées sur l'architecture et les arts. L'ancien séducteur, le vieux chasseur, le jouteur d'autrefois se voulait à présent bâtisseur.

Depuis sa jeunesse, il est vrai, François Ier se regardait comme un « prince architecte ». L'immense, l'interminable chantier de Chambord devait en faire foi, de même que les travaux de remaniement d'Amboise et de Blois. Se rapprochant de Paris au lendemain de sa captivité, il avait lancé, au cœur de la capitale, le grand chantier de refonte du Louvre et, à sa périphérie, ceux de Madrid, de Saint-Germain-en-Laye, de Villers-Cotterêts notamment. Pas ou très peu, dans tout cela, de monuments publics ou de projets d'urbanisme ; essentiellement des réalisations de confort et d'embellissement, tournées vers ses propres résidences... Mais le rêve du roi, c'est à Fontainebleau qu'il s'élaborait, autour de l'ancien donjon médiéval, conservé tant bien que mal et flanqué partout de constructions du dernier cri.

Le souverain veillait à l'avancement de travaux dont il avait confié le suivi quotidien à quelques hommes du service intérieur – il est symptomatique, à cet égard, que les noms des conducteurs de chantier nous soient parvenus, plus précisément que ceux des architectes... La grande affaire de Fontainebleau, c'étaient les décors, pour lesquels avaient été rameutés, à grands frais, quelques-uns des maîtres les plus prisés d'Italie : le Rosso, le Primatice, Nicolo dell'Abate, appelés à venir faire école sous les cieux de France... Le fait est qu'ils y forgèrent un chef-d'œuvre. À ce somptueux écrin, il fallait des joyaux que le roi fit dès lors acquérir dans toute l'Italie par un escadron d'agents aux allures de prédateurs, et dont les plus célèbres demeurent le Florentin Battista Della Palla et le Vénitien Pietro Aretino, connu sous le nom de l'Arétin. De nombreux chefs-d'œuvre prirent ainsi le chemin de Fontainebleau – souvent pour y disparaître assez mystérieusement. « S'il est compréhensible que l'activité d'un Della Palla ou d'un Pietro Aretino s'entoure d'une certaine discrétion, on est en revanche plus surpris du nombre d'œuvres qui, après leur arrivée en France, ont purement et simplement disparu, note ainsi Michel Carmona. On [peut citer] la *Résurrection de Lazare* de Pontormo ou le *Saint Sébastien* de Fra Bartolomeo. Il y en a, hélas, bien d'autres, et qui concernent des œuvres d'artistes parmi les plus renommés. C'est ainsi qu'après l'emprisonnement de Della Palla François Ier avait réussi à acquérir, on ne sait trop comment, une peinture de Michel-Ange représentant *Léda et le Cygne* : ce tableau a disparu. [...] Devant ces multiples disparitions, on pourrait presque se demander si le plaisir de la conquête ne l'emportait pas, chez François Ier, sur celui de la possession. »

Mais le plaisir qui, semble-t-il, l'emportait chez le royal collectionneur sur tous les autres était de faire visiter son trésor à des hôtes dignes de l'apprécier.

En 1536, on avait fait les honneurs de Fontainebleau au roi d'Écosse, Jacques V, tout nouveau gendre du roi – il avait épousé sa fille Madeleine ; ce n'était pas encore assez : le vrai destinataire allait être, ne pouvait qu'être Charles Quint.

*

L'empereur aussi avait vieilli. Tourmenté par la goutte et par des rhumatismes qui lui tordaient le corps, Charles avait pris un teint cireux et présentait souvent un visage crispé, aux traits tirés ; il traversait de longues périodes d'abattement, entrecoupées d'accès d'enthousiasme qui se manifestaient par un rire aigu, sonore. Le souverain donnait le sentiment de prendre sur lui toute la misère de son immense empire, et marchait voûté – quand il pouvait marcher... Son seul vrai bonheur était sa douce épouse, Isabelle de Portugal, qu'il aimait tendrement. Tous deux venaient de perdre un jeune fils, Ferdinand ; mais, presque aussitôt, l'on avait appris que l'impératrice attendait son sixième enfant. Hélas, la grossesse tourna mal ; non seulement l'enfant vint au monde mort-né, mais la santé de la mère en fut atteinte. On vit Charles, éperdu d'angoisse, s'abîmer dans des prières qui ne suffirent point. Le 1er mai 1539, Isabelle rendait son âme à Dieu et, avec elle, une part insigne de celle de son mari.

Charles Quint arbora désormais le grand deuil et, par politesse et solidarité, ses Grands lui emboîtèrent le pas : c'était le début de cette cour d'Espagne vêtue de noir et dont l'austérité, pour tant de générations, allait trancher sur les tenues chamarrées des autres cours d'Europe... Un malheur n'arrivant jamais seul, l'empereur apprit, à quelque temps de là, qu'une révolte venait d'éclater au cœur de sa chère Flandre : Gand devait être remise au pas. Il décida d'agir personnellement, et au plus vite. La paix avec la France étant faite et parfaite, pourquoi ne pas demander au roi François l'autorisation de traverser son territoire ? Ce serait bien plus sûr, à la mauvaise saison, que la route de mer. Charles n'hésita guère. Pourtant, s'il avait pu savoir où il mettait les pieds, sans doute y aurait-il réfléchi à deux fois...

Pour François Ier, la demande de l'empereur, en soi preuve de confiance, ne fut pas vraiment comprise comme la démarche polie d'un souverain pressé, soucieux de tailler de court. Le roi de France préféra deviner en elle une sorte d'hommage tardif, une main tendue par-dessus tant d'années de haine. Il y vit une chance de faire advenir, par la douceur, des espérances milanaises déçues par la force et – ce qui pour lui comptait beaucoup – l'occasion d'étaler comme jamais les richesses du royaume et de venger enfin certaines humiliations du passé... Ainsi donc, Charles voulait traverser la belle France ? Il n'allait pas être déçu ! Ordre fut passé de ne lésiner sur rien.

*

De son côté, l'empereur se mettait en route, en petit équipage, au milieu d'une austère cohorte de seigneurs en noir et de prieurs en bure. Il cheminait, cloîtré dans une sombre litière, emmitouflé du fait d'une mauvaise bronchite – on était en novembre... Un aumônier l'aidait à tuer le temps en égrenant son chapelet à voix haute. Tout à la tristesse de son deuil et au souci de sa mission, Charles Quint espérait que les Français lui faciliteraient la tâche : peu de cérémonies, de grâce, et, par pitié, le moins possible d'obligations mondaines ! S'il en avait eu le pouvoir, il aurait voyagé *incognito* et dormi, rapidement, dans des auberges de fortune.

Son hôte ne l'entendait pas ainsi. Le cortège impérial, entrant à Bayonne fin novembre, eut tout d'abord la surprise d'être accueilli, le plus solennellement du monde, par une délégation des plus brillante. Le dauphin en personne, avec son frère Charles, désormais duc d'Orléans, menait cette avant-garde de la Cour. S'y trouvait aussi son ami – et ami de l'empereur – le connétable de Montmorency. Protocole, échange de présents et de missives diplomatiques... Tandis que Charles bâillait déjà, sa suite ouvrait de grands yeux, qui sur les splendides équipages, qui sur les joyaux faisant scintiller les cavaliers, qui sur le décolleté plongeant des Françaises, décidément fort peu vêtues pour une fin d'automne...

Commença l'une de ces périodes de réjouissances en cascade dont l'Ancienne France avait le secret – une de ces fêtes itinérantes que l'on pourrait vivre, plus tard, lors du grand tour de Charles IX, par exemple, ou bien au lendemain du mariage de Louis XIV... Chaque ville, chaque bourg, chaque hameau croisé en chemin se devait de surenchérir en fleurs, en bannières, en allégories de stuc et en lampions : une débauche de solennités d'estrade et de banquets de ferme. Bordeaux, Poitiers offrirent à Charles de Joyeuses Entrées qui, à ses yeux, n'avaient de joyeux que le nom. À ce régime, la bronchite impériale ne s'améliora pas... On vit parfois l'hôte de la France, par ailleurs triste et absent, partir d'un fou rire qu'il ne dominait qu'avec peine ; en dépit de sa langueur et de son anxiété, il ne pouvait s'accoutumer au grand remue-ménage de tous ces braves gens.

Au fond, cet accueil fut d'autant moins agréable à Charles que le dauphin, braqué par sa captivité, en conservait une aversion puissante des Espagnols en général et de leur maître en particulier. Aussi devait-il, durant toute la durée de l'équipée impériale, se montrer plein de fiel envers l'hôte abhorré de son père, et lui manifester à couvert une sournoise acrimonie. Montmorency s'en rendit compte et le déplora ; mais il n'y pouvait rien... Il eut simplement tendance, pour dissiper toute impression négative, à se montrer d'autant plus mielleux avec l'empereur, à la limite de la servilité – si bien que, en retour, l'invité, soucieux de ne froisser personne, ne put même pas se murer dans son silence... Cela relevait du mauvais rêve.

Enfin François vint ; il retrouva l'empereur à Loches. Lui non plus n'était guère en forme, et c'est pourquoi il avait tardé à se montrer. « J'ai été fort tourmenté d'un rhume qui m'est tombé sur les génitoires, devait-il expliquer, et vous assure que la maladie m'en a été tant ennuyeuse et douloureuse qu'il n'est pas croyable. » Toujours cette affreuse fistule périnéale... Cela n'empêcha pas le cortège de suivre lentement les détours d'un itinéraire alambiqué, conçu en dépit de l'utile, pour les seuls besoins du prestige. On traîna le pauvre Charles sur les lieux de la jeunesse de son hôte, à Amboise, puis devant un Chambord flambant neuf, puis à Cléry-Saint-André, sur la tombe de Louis XI – ennemi juré de son cher aïeul, Charles le Téméraire... On lui infligea Orléans pour Jeanne d'Arc, Étampes pour la duchesse ; et Charles soupirait, secouait la tête et semblait dire – mais sans le dire : « Ne voyez-vous pas que je suis veuf, malade, fatigué, surtout très pressé ? Ne le comprendrez-vous ? » Les Françaises, faisant cercle en tout lieu, gloussaient sur son passage et chuchotaient dans son dos... Il était dit que l'empereur connaîtrait en France la version la plus approchante, à ses yeux, de l'Enfer.

La suite impériale, toujours en noir, toujours en bure, passa Noël à Fontainebleau, dans un nouveau pavillon équipé, pour plus de confort, non de cheminées à la française, mais de bons poêles de faïence, à la flamande... Délicate attention. Selon l'empereur, la Nativité devait se célébrer dans la prière et l'intense recueillement. Mais ce n'était pas la coutume de la cour de France... Les fêtes y furent plus païennes que jamais, pleines de faunes, de nymphes, de satyres et autres créatures des bois... *Terra, traga me !* – « Terre, engloutis-moi ! »

La diplomatie, malgré tout, ne perdait pas ses droits... Charles avait de bons ambassadeurs ; il savait qui flatter. L'on raconte que, lors d'un festin, venant de se rincer les mains, l'empereur aurait feint de laisser tomber une très belle bague dans un coin de nappe qu'on lui tendait. La favorite en titre, placée à sa droite – le roi avait à sa gauche son épouse, sœur de l'empereur... – la duchesse d'Étampes, donc, prestement rattrapa le joyau et le tendit à Charles ; celui-ci aurait pris sa main pour la baiser et y glisser la bague : « Elle sera, aurait dit l'empereur, trop heureuse d'orner une si jolie main... »

Lors de ce banquet ou d'un autre, François osa-t-il mettre sur la table la question de l'avenir de son plus jeune fils, Charles, duc d'Orléans ? Eut-il l'audace d'aller jusqu'à prononcer le nom de Milan ? La plupart des historiens répondent par la négative ; mais ils n'étaient pas, que je sache, de tiers aux entretiens privés – et ces choses ne sont pas de celles que l'on consigne dans des archives... À force de « fréquenter » ce roi et de le voir à l'œuvre, il paraît tout de même bien improbable qu'il ait pu, toutes ces journées durant, se mordre les lèvres et tourner sept fois sa langue dans sa bouche...

*

L'empereur croyait pouvoir souffler ; en vérité, le gros morceau des « réjouissances » était à venir : ce serait bientôt, débauche de flonflons, la Joyeuse Entrée offerte par la Ville de Paris, et qui promettait d'être la parade du siècle. C'est bien simple : Charles retomba malade au lendemain de ces festivités ! Allait-on, dès lors, le laisser en paix ? Nullement ! Viendraient encore, par la suite, des étapes brillantes et bruyantes à Saint-Denis pour les tombeaux, à Chantilly pour Montmorency, à Saint-Quentin pour on ne sait qui ou quoi... Partout des dais et des tentures, des trompettes et des cymbales... L'empereur, épuisé, à bout de nerfs, était tout près de perdre son calme légendaire ; assurément il eût préféré les périls de la mer... Sa suite de gentilshommes et de prêtres partageait son exaspération. Certains se demandaient même si les Français n'avaient pas fait vœu de tuer leur empereur à coups de fêtes, de bals, de concerts, de messes, d'allocutions, d'agapes et de défilés... Pour une traversée discrète, c'était réussi.

À Saint-Quentin – enfin ! –, les deux souverains se séparèrent, au milieu d'un concours d'ultimes effusions. Puis les princes accompagnèrent le cortège impérial jusqu'à Valenciennes, et revinrent quatre jours plus tard, porteurs de cadeaux d'adieu.

Vu de France, la traversée du royaume pouvait passer pour un succès ; sans doute allait-elle porter des fruits... À compter de ce jour, le connétable et son conseiller, le cardinal de Lorraine, attendirent, d'un instant à l'autre, une convocation à Bruxelles, pour y conclure un véritable accord de paix. Ils patientèrent, firent patienter, tentèrent de trouver des excuses à l'empereur, puis à eux-mêmes... Au printemps seulement, les négociations furent reprises, de loin, par chancelleries interposées. Mais ce fut pour admettre que tout accord achopperait sur la sempiternelle question de Milan, à laquelle s'agrippait François et dont Charles ne voulait pas démordre. Milan, pomme de discorde de l'Europe renaissante... Milan, chimère tenace et poisseuse dont Montmorency lui-même n'avait su comment débarrasser la France.

12

Ombres au tableau

À mesure que le portrait se précise, je crois entendre les reproches de ceux qui m'accuseront d'avoir pris plaisir à forcer le trait. Le tableau du « grand règne du grand roi François » ne saurait être si facilement noirci… Est-ce ma faute, à moi, si ce *grand règne* est tellement fertile en mensonges, en erreurs et en vilenies ? Est-ce ma faute si les plus belles actions attribuées à ce Grand Roi apparaissent, à l'étude, comme autant d'échecs maquillés en réussites ? Deux exemples, parmi les plus célèbres : l'ordonnance de Villers-Cotterêts et les expéditions de Jacques Cartier.

*

Pas un jour ne passe sans qu'hommage ne soit rendu à François Ier, d'avoir imposé la langue française dans la rédaction des actes officiels. C'est en effet l'intention d'un des cent quatre-vingt-douze articles de l'ordonnance de Villers-Cotterêts, œuvre du chancelier Poyet, datée d'août 1539. L'ambition principale de l'ordonnance était d'améliorer le fonctionnement de la justice en abrégeant notablement les procédures. Elle réduisait les compétences des tribunaux ecclésiastiques, posait les fondements d'une procédure pénale écrite et secrète – au demeurant fort défavorable à l'accusé –, simplifiait le système des grâces, mais aussi celui des contrats et des adjudications. Par souci d'efficacité dans la gestion des bénéfices d'Église, elle instituait des registres paroissiaux précis, tenus par les curés et paraphés par les notaires, dans lesquels il n'est d'ailleurs pas interdit de voir les origines de notre état civil.

Enfin, au détour d'un article, l'ordonnance enjoignait aux notaires et officiers de justice de rédiger actes, contrats et arrêts « en langage maternel français et non autrement ». Les siècles suivants voudraient voir, derrière cette mesure, la volonté royale de promouvoir l'ancien parler vulgaire, élevé soudain au statut de langue noble…

Ce fut sans doute, à terme, une conséquence indirecte ; ce n'était en rien l'objectif ! Dans l'esprit de Poyet et de ses commis, cette mesure devait purger les juridictions, en mettant fin aux innombrables procès, nés jusqu'ici de l'interprétation d'un bas-latin jargonnant et abscons, auquel les clercs eux-mêmes, bien souvent, ne comprenaient goutte…

Est-ce diminuer le mérite de l'ordonnance que d'en préciser ainsi les contours et l'esprit ? Peut-être… Mais s'il faut y renoncer pour sauvegarder le mythe, alors autant ne plus se mêler d'histoire.

*

Le même genre de désillusions nous attend sur le chapitre du Canada. L'attention du roi avait été attirée sur l'Amérique par Jean Le Veneur, évêque de Lisieux – ce même ecclésiastique influent qui, en 1523, avait violé le secret de la confession pour éventer la trahison du connétable ! François, lorsqu'il comprit qu'il pouvait tenter de tailler des croupières à ce cher Charles dans un autre domaine – celui de l'Océan et du Nouveau Monde –, se mit à s'y intéresser... De sorte que la Couronne finança une première mission, menée par le Malouin Jacques Cartier – un habitué des bancs de Terre-Neuve – chargée d'explorer, au-delà des côtes connues, « certains îles et pays où l'on dit qu'il se doit trouver grande quantité d'or et autres riches choses ». Ce simple préambule indique assez ce qui motivait le roi : François Ier n'était pas Louis XVI, et la cartographie, balbutiante il est vrai, ne le passionnait pas vraiment ; l'or, si !

Partis au printemps 1534, les deux vaisseaux de Cartier longèrent – sans réel bénéfice – les côtes du Labrador. Le Malouin prit contact tout au moins avec les Indigènes et ramena le plus précieux des trésors, à condition de s'intéresser à autre chose qu'aux pépites : deux jeunes Indiens, Agaya et Taignoagny, confiés à ses soins par leur chef, Donnaconna, et qui s'acclimatèrent assez bien pour jouer ensuite les interprètes. Car on n'allait pas rester sur ce premier échec. Un deuxième voyage fut lancé dans la foulée, à la recherche d'un royaume révélé par les autochtones, et qu'on estima s'appeler Saguenay : pendant près de quinze mois, du printemps 1535 à l'été 1536, Cartier et sa petite flotte, contournant Terre-Neuve, reconnurent l'embouchure du Saint-Laurent et remontèrent le fleuve jusqu'aux environs de l'actuelle Montréal – alors Hochelaga. Ils endurèrent la neige, la glace et le plus rigoureux rationnement, en vain. L'équipage – en tout cas ce qu'il en restait – rentra, bredouille, à Saint-Malo le 16 juillet. À cette date, en Europe, la guerre contre l'empereur avait repris ; il fallut attendre la trêve de Nice et l'entrevue d'Aigues-Mortes pour envisager de poursuivre. Le monarque, un peu las, finit alors par accepter l'idée d'un établissement français sur le Nouveau Continent…

Cela faisait nécessairement de l'ombre à Charles Quint dont – paix ou pas – la confiance en François était si faible qu'il intima l'ordre à ses navires de s'y opposer par tous les moyens. Dans le même temps, il en appelait à l'arbitrage du pape. Ce qu'apprenant, François voit rouge. Il « assure qu'il n'envoie pas ses navires pour guerroyer ni enfreindre la paix et l'amitié, que le soleil lui donne sa chaleur comme à tous les autres, et qu'il aimerait voir la clause du testament d'Adam qui l'excluait du partage du monde ». C'est un des meilleurs côtés du tempérament de François Ier, que cette fierté un peu farouche, non dénuée de panache et totalement inaccessible aux intimidations.

À l'automne 1540, Cartier obtenait donc ses nouvelles lettres de mission ; mais puisqu'il était question, à présent, de s'établir et d'évangéliser, le roi lui adjoignit, en la personne du seigneur de Roberval, un lieutenant général – à moins que ce ne fût l'inverse… Il fallait à ce fondateur désigné de colonies aux « pays de Canada et Ochelaga et autres circonjacens » au moins quelques dizaines de volontaires ; à défaut, on écuma les prisons de Paris, pour charger ponts et cales de ses navires de tire-laine, de coupe-jarrets et de faux-monnayeurs… Cartier, parti en éclaireur, bien avant lui, dès le printemps 1541, rencontrait sur place des conditions très difficiles. Il avait entassé de son côté, sur pas moins de cinq vaisseaux, de quoi tenir deux ans, et s'en alla fonder, sur le Saint-Laurent, Charlesbourg-Royal – le « Charles » ainsi honoré n'étant évidemment pas l'empereur, mais le plus jeune fils du roi, duc d'Orléans. Le but des aventuriers, ne l'oublions pas, demeurait Saguenay dont le nom, depuis qu'il avait été prononcé, « enchantait leur sommeil d'un mirage doré ». On lança une exploration qui dura, se perdit ; or, la rivière Ottawa se révélant peu navigable, il fallut se rabattre sur Charlesbourg-Royal, dont la petite garnison, entre-temps, avait eu maille à partir avec les Indiens…

Plus que déçu, Jacques Cartier finit par donner l'ordre de rembarquer ; et c'est ainsi que son convoi croisa, à Terre-Neuve, le 8 juin, celui de Roberval, parti deux mois plus tôt de La Rochelle ! Le « lieutenant du roi » exigea du Malouin qu'il fît demi-tour ; mais, avec la complicité de ses équipages, celui-ci préféra s'esquiver : profitant d'une nuit sans lune, il faussa compagnie à Roberval et à son armée de brigands… Celui-ci avait investi dans l'affaire les derniers biens de sa famille ; il maintint le cap et condamna ses hommes au terrible hiver canadien. Les quelques survivants seraient rapatriés en 1543.

Ainsi les chimères du roi de France s'étaient-elles brisées, une fois encore, sur la réalité ; les expéditions françaises en Amérique du Nord se soldaient par un sanglant échec. François n'en souffrit pas vraiment : il était, depuis longtemps déjà, passé à autre chose.

*

Si le monarque avait – passagèrement – prêté quelque attention à cette affaire canadienne, c'est qu'il l'avait abordée comme un joli pari. François n'était-il pas l'homme de tous les plaisirs, de toutes les distractions ?

Depuis qu'il fréquentait moins les dames, il cherchait un dédommagement dans l'entretien des orfèvres, des joailliers, des émailleurs ; c'était, nous l'avons vu, la consolation lasse d'un amateur de luxe et de beauté... « L'ostentation, écrit Pierre-Louis Roederer, la somptuosité furent appelées à remplacer la galanterie. Alors finit l'existence du prince voluptueux, et commença celle du monarque morose et froidement fastueux. Les architectes se placèrent entre le prince et la Cour ; les financiers et les inquisiteurs se placèrent entre lui et la nation, vers laquelle il tournait quelquefois des regards cupides et farouches. Il bâtit, il thésaurisa, il persécuta ; tel fut l'emploi des dix dernières années de sa vie. » Concentrons-nous, pour n'être pas déplaisant, sur le domaine des Muses et des Grâces...

Des souvenirs dictés par Benvenuto Cellini – récemment réédités au Mercure de France – lèvent un coin du voile sur les liens qui pouvaient unir le roi aux immenses talents qu'aspirait sa munificence. Le Florentin s'était fait installer, aux frais du monarque, un atelier à Fontainebleau. Il commença par y sculpter *Jupiter et Junon*. Il achevait tout juste le roi des dieux quand le roi des hommes fit irruption avec, à son bras, la duchesse d'Étampes. Visite impromptue ! D'emblée, la dame parut sur la défensive ; elle était trop proche du Primatice pour accueillir sereinement un si dangereux rival... Cellini, habilement, lui offrit un superbe vase qu'il avait ciselé à son intention ; la favorite se contenta de le remercier poliment. Elle ne pouvait moins faire, après cela, que montrer beau visage ; et ce fut un projet pour le pavillon d'Orée ainsi qu'un autre, pour une fontaine...

Lors de la visite suivante, le roi, seul cette fois, découvrit le modèle en réduction de sa fontaine : au centre, immense, François lui-même figurant sous les traits de Mars, entouré, aux quatre coins du bassin, d'allégories de la Sculpture, de la Peinture, de l'Architecture et de la Musique. « Cet homme est vraiment selon mon cœur ! » lança le souverain, tout ému, en s'empressant de souscrire au projet. Cellini se crut le nouveau roi de Fontainebleau – or il en oublia de consulter la favorite, et d'obtenir de sa part l'agrément sans quoi rien n'était validé... Apprenant que la dame avait pris ombrage de cet impair, le sculpteur accourut chez elle, porteur d'un nouveau grand vase d'argent ; mais elle le fit piétiner assez longtemps dans son antichambre pour que, furieux, il partît faire offrande de son présent au cardinal de Lorraine ! C'était une déclaration de guerre. Pour la duchesse d'Étampes, Cellini devint le « maudit Florentin ».

J'ai eu l'occasion de raconter, à la télévision, la dernière visite de cette favorite – sans talent signalé – à l'atelier de ce maître, un des plus accomplis que la Renaissance ait produits. L'épisode ne prend place que trois années plus tard, en janvier 1545 ; un clin d'œil pour celle qu'animait la rancune. À l'époque, Benvenuto Cellini travaille à une série de douze statues d'argent de taille humaine, six dieux et six déesses de l'Olympe, devant servir de torchères. Le jour prévu pour une visite du roi, la favorite s'ingénie à tout retarder ; de sorte que les augustes visiteurs ne se présentent à l'atelier qu'une fois la nuit tombée, et n'entrevoient le premier atlante qu'à la lueur de torches. François n'en est pas moins béat ; il le dit haut et fort – alors la duchesse, pincée, fait observer que le chef-d'œuvre est en partie voilé... « L'étoffe serait-elle là pour cacher un défaut ? » D'un geste vif, Cellini, faisant sauter le pagne et la pudeur, découvre une virilité olympienne à hauteur d'yeux de la favorite ! Le ton monte, les griefs fusent, de part et d'autre ; François ne peut qu'intervenir... et donner raison, piteusement, à sa maîtresse. La femme facile aura donc eu raison du génie. Cellini sent bien qu'il est au bord de la disgrâce ; il quittera Fontainebleau avant l'été.

L'intervention de cette nymphe devenue harpie ne se limitait pas, hélas, aux matières artistiques. Plus on avançait dans le règne, et plus son emprise s'avéra grande sur les nominations aux postes clés de finances, de justice, d'armée et même d'Église. Au-delà des nominations, sur les politiques menées. Et, au sein même de ces politiques, sur les décisions qu'il convenait de prendre... Les premières années de son règne, François les avait confiées aux soins de sa mère, Louise ; c'est à ceux de sa maîtresse, disciple de Louise, qu'il devait abandonner les dernières.

13

Les plans de la duchesse

Anne de Pisseleu, duchesse d'Étampes, vivait dans la hantise de l'échéance inévitable – non celle de sa propre mort, mais celle de la mort du roi, qui la condamnerait à une existence affreuse. Toute son énergie, toute son intelligence – l'une et l'autre pleines de ressources –, elle devait les consacrer dès lors à préparer sa reconversion. Ce qu'il lui fallait, c'était un autre monarque à sa dévotion... Sachant la haine que lui vouait le dauphin Henri – Diane « de Poitiers » n'était-elle pas son ennemie jurée ? – elle jeta son dévolu, tout naturellement, sur le petit frère : Charles, duc d'Orléans. Et, à défaut de faire glisser vers lui le trône de France, elle se jura tout au moins d'en faire un prince souverain. Le cher garçon n'avait pas vingt ans ; il était conciliant, agréable et bon à marier. Restait à l'établir proprement.

*

Pour l'aider dans ses projets, la favorite en titre ne pouvait plus compter sur Philippe Chabot de Brion. Depuis 1538, le parti ennemi avait répandu le bruit que l'amiral confondait à loisir les intérêts du roi et les siens. Début 1540, une enquête menée malgré la duchesse fit apparaître de graves manquements : on ne comptait plus les pots-de-vin et les commissions, en provenance du Portugal notamment, ni les abus et les détournements commis par l'amiral dans l'exercice des plus hautes missions. Aussi le roi devait-il autoriser le chancelier Poyet, à la tête d'une commission spéciale, à régler le cas de son ami de jeunesse... Dès février 1541, l'ancien amiral, destitué de ses offices, privé de ses dignités, dépouillé de ses biens, s'en irait croupir en cellule, au donjon de Vincennes.

Le connétable se trouvait ainsi débarrassé de son vieux rival. Était-ce pour lui le signal d'un second triomphe ? Même pas ! Car il fallait compter avec la déception engendrée par le comportement frileux de Charles Quint, après les adieux de Saint-Quentin et ceux de Valenciennes. Anne de Montmorency avait fait le pari d'une paix propice à certains arrangements, à propos du Milanais, notamment ; or, François lui avait fait confiance ! Maintenant que cet « ami de l'empereur » s'avérait incapable de donner corps à l'éternelle chimère piémontaise, son étoile ne pouvait que pâlir... Les propositions d'alliance politique et matrimoniale eurent beau se succéder jusqu'à juin 1540, elles se contredisaient en fait et se télescopaient, sans véritable chance d'aboutir. Et la favorite ne facilitait pas les choses, qui veillait comme une louve aux intérêts de son petit duc.

Ce fut elle qui précipita la chute du « grand coquin », comme elle appelait Montmorency – le terme était, à l'époque, dénué de toute nuance affective. Détournant de lui le chancelier Poyet, poussant contre lui les cardinaux de gouvernement – Tournon, Du Bellay –, elle devenait elle-même, si l'on en croit un rapport adressé à Charles Quint, « le véritable président du conseil le plus privé et le plus intime du roi ». Ce qui, forcément, n'allait pas dans le sens de la paix... Le jour où l'empereur investit son propre fils, Philippe, du duché de Milan, la favorite en vécut l'annonce comme une atteinte personnelle. La situation du connétable devenait critique... Robert J. Knecht cite les correspondances diplomatiques de l'époque, et notamment ce rapport adressé à la sœur de l'empereur, Marie de Hongrie, gouvernante des Pays-Bas : « Quant au gouvernement de la Cour, Mme d'Étampes a plus de crédit que jamais. M. le connétable lui fait la cour ; son crédit diminue de jour en jour. Il a eu de grosses paroles contre le chancelier, jusqu'à le démentir. Le chancelier lui dit qu'il avait du papier en ses coffres pour le payer comptant et lui faire quelque jour un mauvais tour. » Gentille atmosphère...

Ainsi donc, à nouveau, la guerre se profilait-elle à l'horizon... La duchesse d'Étampes fit le compte des alliés dont elle disposait. L'Angleterre était, pour l'heure, sortie du jeu. Venise refusait de faire la paix avec les Turcs. Quant aux Allemands, c'est peu dire que les persécutions menées par le roi de France contre les réformés les avaient indisposés. Le cardinal de Tournon, à présent très en cour, conseilla de renforcer d'urgence l'alliance avec le seul prince germanique à n'avoir pas tourné le dos à la France : le catholique Guillaume de La Marck, duc de Clèves et de Juliers. François eut alors l'idée de lui offrir la main de sa nièce, Jeanne d'Albret. C'était ne faire aucun cas des espoirs de son beau-frère, le roi de Navarre, et de sa sœur adorée, Marguerite, qui avaient rêvé pour leur fille d'un tout autre mariage... Surtout, c'était mépriser les sentiments de la principale intéressée ; or, contre toute attente, cette adolescente allait trouver la force de s'opposer à son oncle.

Dans *Les Fils de France*, j'ai raconté cette scène inouïe, à Plessis-lez-Tours, où une enfant de treize ans, livrée à elle-même, trouve la vaillance de tenir tête, seule, à l'impressionnant roi de France. La surprise et la colère de François, l'incompréhension du duc de Clèves, le désespoir touchant de la jeune fille font de cet épisode un des plus romanesques du règne. À la fin, la raison d'État – ou, plus exactement, le caprice du prince – ne pouvait que l'emporter ; mais il faut préciser que, le matin de ses noces encore, la petite Jeanne eut le cran de témoigner devant notaire de sa sourde protestation... Ce 14 juin 1541, au château de Châtellerault – ancien fief du « traître » Bourbon –, la fille du roi et de la reine de Navarre, sous les yeux rougis de ses parents, n'en était pas moins conduite à l'autel comme on conduit une agnelle au sacrifice. François, inflexible et royal, arborait son masque des grands jours – celui de la sinistre procession de 1535 ; celui de l'exécution de Montecuculli... Tout de même, pendant la cérémonie, il perdit son calme : la jeune princesse, feignant d'être gênée par un manteau trop lourd, s'étant immobilisée à dessein très loin de son promis, le roi se retourna vers Montmorency et, du ton qu'il eût adopté pour parler à un valet maladroit, lui lança : « Eh bien, que ne la portes-tu ? » Le connétable blêmit, hésita ; puis, la mort dans l'âme, il s'acquitta de cette tâche honteuse, prit la petite mariée dans ses bras et la força de s'approcher du mari dont elle ne voulait pas... Après quoi, il quitta la Cour, pour n'y plus jamais reparaître du vivant de François Ier. Le maréchal-connétable, grand maître de France, avait fait le choix de ne plus servir un tyran assez vil, assez bas pour proférer de tels ordres.

*

La maîtresse royale n'avait donc plus que deux adversaires à la Cour : le dauphin en personne et sa chère amie Diane – qu'elle devait d'ailleurs faire disgracier, trois ans plus tard. Henri, à vingt et un ans révolus, avait pris de l'étoffe et de l'autorité ; il avait tiré profit des leçons de Montmorency, jusqu'à devenir fin stratège – ce que n'avait jamais pu être son père. La duchesse d'Étampes ne s'en méfiait que davantage, et lui avait adjoint, pour le surveiller de près, l'un de ses grands fidèles, le maréchal d'Annebault. De là à le tenir en lisières... Déjà, en 1537, on avait vu cette dame s'inquiéter des talents militaires d'Henri. Elle avait alors été jusqu'à prier le roi d'abandonner le chantier des fortifications de Saint-Pol, en Artois – où sa présence était pourtant requise – pour l'envoyer surprendre, en Lombardie, un dauphin et un connétable qui n'en demandaient pas tant, et n'avaient en rien réclamé sa visite !

*

À l'automne 1541, certains purent croire que le sort jouait en faveur de François Ier ou, du moins, qu'il défavorisait Charles Quint : alors qu'il assiégeait Alger, capitale des Barbaresques, l'empereur avait vu sa flotte ravagée par une violente tempête, brisant ses rêves de libérer la Méditerranée des pirates. La duchesse d'Étampes bénissait l'alliance du roi et du sultan ; aussi bien se réjouit-elle ouvertement de ce qui, dans tout le monde chrétien – et jusqu'en France, pour une large part – était vécu comme une calamité... La duchesse avait une autre raison de se féliciter : son cher duc d'Orléans venait d'être nommé à la tête de l'armée du Luxembourg qui, dès les beaux jours, devait attaquer au Nord-Est, tandis que le dauphin s'en irait guerroyer au Midi.

La campagne commença bien pour la France en général, et pour le jeune prince Charles en particulier. Secondé par Claude de Guise et par son fils, François – le futur Balafré –, il réussit la jonction de ses troupes avec celles du duc de Clèves – devenu son cousin par alliance – et investit la cité de Luxembourg, au moins pour un temps... La favorite fit boire à sa santé. Avant d'avoir vu la ville retomber à l'ennemi, Charles était déjà parti soutenir son frère, le dauphin, en difficulté devant Perpignan. L'année suivante, Luxembourg fut reprise par le roi lui-même, alors que l'empereur défaisait de son côté le duc de Clèves. Mais c'est en 1544, seulement, que la guerre battit son plein. Le lundi de Pâques, à Cérisoles en Piémont, le comte d'Enghien écrasait sans merci les Impériaux. En riposte, après la Pentecôte, Charles Quint déversa une armée immense à travers la Lorraine et les Trois-Évêchés ; bientôt il prenait Commercy, assiégeait Saint-Dizier. Cette place tint un bon mois ; puis elle céda, au lendemain de l'Assomption. Le bruit courut alors que son défenseur, le comte de Sancerre, avait été victime d'une ruse de guerre : l'assiégeant lui aurait fait parvenir un ordre de reddition, signé : « duc de Guise » et codé au chiffre du roi ! Qui avait pu transmettre à l'ennemi cette information absolument secrète ? On devait en accuser la duchesse d'Étampes, pressée, maintenant, de négocier avec l'empereur... Mais cette accusation n'a pu être prouvée, pas plus que celle d'avoir renseigné l'ennemi sur les réserves de grains constituées, à Épernay et à Château-Thierry, par le dauphin.

Pour la troisième fois dans le règne – triste record pour François Ier –, Paris semblait donc menacé. Comme en 1523, comme en 1525, on vit les habitants constituer des réserves, protéger les remparts et descendre une fois encore la châsse de sainte Geneviève... On les entendit aussi, forcément, pester contre le siècle et maudire leur souverain. « Faites, Seigneur, que Monsieur le Dauphin nous protège ! » Car plus on avançait dans cette nouvelle guerre, et plus s'imposait la figure, jeune et solide, du fils aîné du roi. Pour beaucoup, il était devenu le recours... Le dauphin Henri, après que son couple fut demeuré stérile une longue décennie, avait appris, en janvier, la naissance de son premier fils – le futur roi François II. Mauvaise, très mauvaise nouvelle pour la duchesse... Un bonheur n'arrivant jamais seul, Henri apprit que le roi son père, de plus en plus souffrant – sa fistule progressait –, lui confiait finalement la conduite de l'armée. Le dauphin se jura de se montrer digne de cette – tardive – confiance paternelle : en quelques semaines, il parvint à disposer ses troupes et à les préparer de telle sorte que, vers la fin de l'été, depuis son état-major de La Ferté-sous-Jouarre, une victoire globale lui parut à portée de main. Ainsi, après trois années de campagnes sans vainqueur ni vaincu, le dauphin de France paraissait-il en mesure de faire la différence ; il n'en doutait plus : l'heure était venue pour lui de triompher d'un empereur exsangue et mal soutenu.

C'est alors que survint un de ces événements que les manuels d'histoire de France aimaient mieux, autrefois, passer sous silence. Contre toute attente, alors que la victoire semblait proche, le maréchal d'Annebault, devenu amiral de France, se vit confier la mission secrète d'entrer en contact avec l'ennemi : la duchesse d'Étampes voulait éviter à tout prix d'offrir au dauphin cette occasion de s'imposer – et d'imposer avec lui la grande sénéchale... Annebault prit langue avec Granvelle, l'âme damnée de Charles Quint ; ils ressortirent de vieux maroquins les projets de mariage et les combinaisons diplomatiques... Le duc d'Orléans se vit proposer – une fois de plus – soit une fille de l'empereur, avec les Pays-Bas et la Comté, soit une archiduchesse d'Autriche, avec Milan – à ce mot, le roi dut rouvrir un œil ; il recevrait en retour un apanage très similaire à celui que l'on trouvait si dangereux pour la Couronne, lorsqu'il était au nom du connétable de Bourbon... L'idée de l'empereur était de poser, pour plus tard, les bases d'une violente rivalité entre les deux Fils de France. Pour l'immédiat, il signait une paix aussi bâclée qu'inespérée pour lui, car défavorable au royaume de Saint Louis. Il y avait eu, daté de mai 1420, le « honteux traité de Troyes » ; il y aurait désormais, daté du 18 septembre 1544, la « triste paix de Crépy-en-Laonnois »...

Ainsi la lueur inaugurale de Marignan s'éloignait-elle – même si le souvenir, à l'esprit du roi, en demeurait intact. Milan restait sa terre promise ; Charles était toujours Abel et lui, Caïn – à moins que ce ne fût l'inverse...

*

Le plus pénible, aux yeux du dauphin et, plus généralement, de tous ceux qui savaient le dessous des cartes, fut l'espèce de voyage triomphal organisé à Bruxelles, durant l'automne, en l'honneur de la reine Éléonore et à la gloire de la duchesse d'Étampes. Fait impensable, quelques années seulement auparavant : la favorite fut attendue, reçue et saluée par Charles Quint en personne, à sa descente de litière ! Elle qui, depuis cinq ans, n'avait pas eu de mots assez durs pour fustiger l'Empire et appeler à sa perte, se muait en messagère de paix, pour un peu en arbitre de l'Europe. Elle osait inscrire ses pas dans ceux de feu la régente Louise qui, après tout, l'avait formée, promue, installée dans sa position.

Mais il est un fait que la duchesse d'Étampes, toute à ses discussions avec l'empereur Charles, avait omis : c'est l'hostilité de l'Angleterre. En février 1543, Henri VIII s'était rapproché de Charles Quint ; dix-huit mois plus tard, la volte-face du Habsbourg avait irrité le Tudor ; aussi Henri donna-t-il l'ordre à son corps expéditionnaire sur le continent de s'emparer de Boulogne-sur-Mer et d'assiéger Montreuil. C'était une mission pour le dauphin, dont les ardeurs – et les troupes – ne trouvaient plus guère à s'employer depuis Crépy. Henri fit lever le siège de Montreuil et vint camper devant Boulogne. À ses côtés se trouvait son jeune frère, le prince Charles, ce qui n'avait rien pour l'encourager.

Au printemps suivant, la Cour – comment savoir si l'idée venait du roi, très fatigué, ou de son entreprenante maîtresse ? – prit sérieusement la décision – fort peu sérieuse pourtant – de renouer avec l'exploit de Guillaume, et de monter contre l'Angleterre, avec l'appui des Écossais, un véritable débarquement ! Louis XV formerait plus tard le même genre de projet, puis Napoléon, avec le succès que l'on sait... Une flotte de quelque deux cent cinquante voiles se lança donc à l'assaut d'Albion, et s'y fracassa. À défaut de l'Angleterre, on envahirait l'île de Wight ! Cette défaite navale n'était que la première d'une série de déconvenues où figureraient, plus tard, les noms de la Hougue et de Trafalgar… La France se donna la satisfaction de couler la *Mary Rose*, navire amiral du roi Henri, et le ridicule d'une retraite qui fit sourire l'Europe entière.

La duchesse passa outre : elle était maintenant reconnue, et comptait sur son cher duc d'Orléans pour lui assurer un avenir digne de la Byzantine Théodora. Hélas pour elle, le 9 septembre de cette grinçante année 1545, on devait apprendre le décès du prince Charles ! Mort au combat sous les ordres de son frère ? Pas précisément : le jeune écervelé, avec des amis de son âge, avait livré une bataille de… polochons, dans une maison abandonnée – et pour cause : elle était infestée par la peste. Il devait mourir après une agonie affreuse, dans les bras de son père accouru, *in extremis,* à l'abbaye bénédictine de Forest-Montiers, près d'Abbeville. Pour François, ce fut une douleur violente, le dernier grand chagrin de sa vie : ce fils était celui dans lequel il se reconnaissait le mieux… La mort inopinée du duc d'Orléans changeait la donne en Europe ; elle remettait la paix en question, replaçait le dauphin au centre de tout et privait la favorite de sa pièce maîtresse. Cette mort était un peu la sienne.

L'attaque avortée contre les côtes anglaises avait du moins conduit le roi d'Angleterre à la table des négociations ; la paix d'Ardres, qui en sortit au printemps 1546, se fit – cela devenait une habitude – au détriment des intérêts français. Afin de recouvrer Boulogne, le roi encore éploré promit de verser deux millions de livres à son ennemi secondaire… Promettre lui coûtait peu, payer ne lui coûtait rien. Et s'il fallait encore un exemple – mais il en existe des dizaines – de la faiblesse politique du monarque, l'ultime accord franco-anglais du règne le fournirait avec force. Décidément, la jolie formule de Paul Valéry – « François Ier ? Un Louis XI de luxe ! » – se révèle bien fausse et bien trompeuse. Car, malgré tous ses défauts, l'Universelle Aragne avait eu – au suprême degré – l'esprit politique.

*

Épilogue inattendu : le comte d'Enghien, vainqueur de Cérisoles, mourut sur ces entrefaites – en février 1546 –, dans des circonstances demeurées troubles. L'affaire rappelait l'accident de Romorantin, à l'Épiphanie 1521, lorsque le roi lui-même avait reçu au visage un tison ardent, jeté d'une fenêtre ; cette fois, au cours d'un jeu stupide entre jeunes seigneurs, c'est un meuble pesant qui, tombé d'un balcon du château de La Roche-Guyon, endeuille soudain la maison de Bourbon. « Qui le tue ? demande Michelet. Celui même qui profite le plus à sa mort, le jeune Guise. Dans un combat de boules de neige, pour boulette, il lui jette un coffre. Il s'excuse, disant avoir eu ordre de M. le dauphin. » Et de conclure un peu vite, peut-être : « Dès lors il n'y eut plus deux partis. Le roi se trouva seul, et le dauphin fut le vrai roi. »

En vérité, il y avait longtemps qu'Henri se préparait à prendre la relève. Si l'on en croit les *Mémoires* du marquis de Vieilleville, il faut placer en 1538 le pénible incident qui révéla aux yeux de François les ambitions de son fils... Briandas, un fou de cour, avait assisté chez le tout jeune dauphin à un souper au cours duquel le prince, sans doute un peu échauffé, avait distribué à ses amis, pour rire, les grands offices de la Cour. Le bouffon, s'éclipsant par les tentures, était venu tout rapporter au roi qui, soupant de son côté avec Mme d'Étampes et les officiers de service, avait pris la chose au plus mal. « Tu n'es plus le roi ! lui avait lancé le fou. Et toi, M. Thais, tu n'es plus grand maître de l'artillerie ; c'est Brissac. Et à un autre : Tu n'es plus premier chambellan ; c'est Saint-André… » La réaction du roi avait été violente ; il commença par se faire tout redire en détail. « Et alors, entrant en colère, prit le capitaine de ses gardes écossaises, avec trente ou quarante archers, et s'en va droit en la chambre de Monsieur le Dauphin, où il n'en trouva pas un ; d'autant qu'ils avaient été avertis. Mais il passa son courroux sur ce qu'il trouva de valets de chambre et de garde-robe, de pages, de laquais et de poursuivants, faisant sauter ce qu'il en put attraper à coups de hallebarde par les fenêtres ; semblablement les lits, coffres, tables, chaises, tapisseries et tout ce qui était en l'antichambre, chambre et garde-robe, jusques à faire effacer l'écriture des fourriers qui était sur les portes. »

Colère injuste et dérisoire, en vérité, à tout prendre moins digne de Rabelais que de Jarry… On se dit, en lisant ces lignes, que François-Ubu aurait pu sombrer dans une sorte de délire paranoïaque, si la maladie ne l'avait peu à peu privé de ses moyens. Michelet considère du reste que Vieilleville s'est trompé, et qu'il conviendrait de situer l'épisode dans les dernières années du règne, après la disgrâce de Montmorency ; je pense qu'il a raison. « Le roi, très affaissé, devenait un jouet, écrit le grand historien. On décidait sans lui, ou sur quelque mot vague qu'on lui tirait, les choses les plus graves et les plus terribles affaires, comme le massacre des Vaudois. »

14

Les vaudois

À ce monarque « affaissé » manquait encore, pour conclure un règne « de feux, de fers, de morts et de détresses », un bain de sang digne du reste – sa Saint-Barthélemy à lui, en quelque sorte, son incendie du Palatinat, ses noyades de Nantes ou, plus justement, sa croisade albigeoise ! Ce devait être le massacre des vaudois, en 1545 : trois mille personnes, dont beaucoup d'enfants et de vieillards, exterminées en cinq jours, les femmes violées, les survivants envoyés par centaines aux galères de Marseille ; au total, vingt-quatre villages dévastés, brûlés, meurtris à jamais, et qui avaient noms Cabrières, Mérindol, Lacoste, Lourmarin... Les vacanciers qui, de nos jours, arpentent les vieux bourgs merveilleux du Luberon gardent-ils à l'esprit le martyre de ce coin de Provence, au beau temps de François Ier ?

*

Qui donc étaient les vaudois ? Une secte évangélique, née au XIIe siècle dans le sillage du marchand lyonnais Pierre Valdo, dit Valdès, qui avait tout quitté – boutique, femme et enfants – pour s'en aller vivre pauvrement, selon la lettre des Écritures.

L'homme possédait assez de charisme pour faire nombre d'adeptes qui, bientôt, essaimèrent dans tout le Languedoc et jusqu'en Piémont. L'archevêque de Lyon, primat des Gaules, ne tarda pas – on s'en doute – à les combattre ; mais Valdès obtint alors, sinon la bénédiction, du moins l'assentiment du pape à ses prêches : il faut dire que, à l'opposé des cathares, par exemple, ceux qu'on appellerait bientôt les vaudois se voulaient chrétiens fidèles, et devaient respecter le dogme à défaut de ménager les clercs. Fatalement, ils n'en finiraient pas moins par être déclarés schismatiques, puis hérétiques ; excommuniés en 1184, ils durent fuir les régions habitées pour aller se cacher dans quelque haute vallée des Alpes.

Deux siècles plus tard, quelques dizaines, puis des centaines de vaudois quitteraient leur Piémont d'adoption pour venir s'installer en Luberon, sur des terres achetées au comte de Provence. Leur nombre crût au tournant du XVIe siècle, pour atteindre les mille quatre cents familles environ – celles mêmes qui, à partir de 1528, firent les frais d'une campagne répressive, lancée par l'évêque d'Apt et conduite par un dominicain, Jean de Roma. Ce n'étaient pourtant que de simples paysans, menant une vie pastorale et laborieuse, entrecoupée de prières communes et de cérémonies directement tirées des Évangiles. En 1501, Louis XII en personne, cheminant vers le Milanais, n'avait-il pas jugé leur cas bénin, après un examen attentif ? Il avait déclaré : « Par Dieu, ces gens-là sont meilleurs chrétiens que nous ! »

La vertu, la sobriété et la discrétion des vaudois, devenues légendaires, auraient dû leur faire bien des amis ; elles ne leur attirèrent en fait que le contraire ! Leur simple existence était un problème.

Et l'on vit François Ier, comme dans le cas des luthériens, souffler le chaud, puis le froid. D'abord aimable avec eux – n'avait-il pas prié le parlement de Provence d'agir contre leurs bourreaux ? –, il se laissa peu à peu gagner à l'intolérance. Les vaudois du Piémont s'étant ralliés au calvinisme, le roi, soucieux sans doute de n'être pas en reste avec l'empereur et désireux de satisfaire le pape à peu de frais, marqua ses distances envers ses propres hérétiques. La répression de 1535 contre « la secte luthérienne et autres hérésies » amena les vaudois du Luberon à se méfier, puis à prendre les armes, à gagner le maquis ; en riposte, les magistrats d'Aix rédigèrent le terrible édit de Mérindol, qui condamnait par contumace une vingtaine de vaudois jugés « rebelles », et vouait à la destruction les villages de Mérindol et de Cabrières, notamment… « La cour ordonne […] que toutes les maisons seront brûlées et démolies, et tous les châteaux, retraites et bois seront rasés à deux cents pas à la ronde. » Cette fois encore, du bout des lèvres, le roi fit grâce – mais en donnant à ses mauvais sujets un délai de trois mois pour se réconcilier avec l'Église. C'était en 1541. Or, le parlement de Provence n'avait pas dit son dernier mot.

Si l'on veut comprendre l'acharnement des magistrats aixois envers ces pauvres gens, il faut préciser que les domaines saisis aux hérétiques devaient être, pour nombre d'entre eux, octroyés à leurs persécuteurs, et les terres en déshérence, vendues au dixième de leur prix… « Ce qui rendait l'affaire hideuse, pointe Michelet, c'est que les parlementaires, si zélés contre l'hérésie, étaient des familles seigneuriales qui allaient recueillir la dépouille sanglante des victimes. Ils étaient juges et héritiers. » Le premier président de cette cour, le baron d'Oppède, convoitait lui-même, depuis longtemps, les terres d'une des filles du maréchal de Trivulce, propriétaire de plusieurs villages vaudois. Pourtant, c'est ce même magistrat auquel le roi donna sans hésiter la commission de lieutenant général de la province, puis celle de commandant militaire local, en l'absence du comte de Grignan ! François aurait voulu libérer les pires penchants de cet homme agressif et cupide, il ne s'y serait pas pris autrement ! D'Oppède saisit sa chance : il réunit – et, pour l'essentiel, inventa – contre les vaudois toutes sortes de charges accablantes et se mit en position de n'avoir plus qu'à sévir, dès qu'on lui en aurait donné permission, en haut lieu.

Michelet a raconté comment, profitant du climat euphorique de la victoire de Cérisoles, le clergé avait tout fait pour obtenir l'arrêt de mort des vaudois. « On détacha au roi un homme qui avait fort à expier, qui devait ménager les prêtres, l'ami de Barberousse, le capitaine Paulin de La Garde. Il lui parla à Chambord, dit que ce petit peuple était fort dangereux, qu'il faisait de la poudre, qu'il y avait là comme un avant-poste de l'empereur. On était en pleine guerre, à la veille de l'invasion du Nord. Le roi est alarmé ; il dit : “Défais-moi de ces rebelles.” » Ici, Michelet ajoute un détail qu'on ne trouve pas chez la plupart des biographes de François. « Il paraît que Paulin voulut un ordre écrit. Après la paix, le 1er janvier 1545, le cardinal de Tournon écrivit et présenta à la signature du malade *une révocation*, de quoi ? De la grâce accordée en 1541. Le roi signa sans lire, comme il faisait le plus souvent. » Il avait aussi fallu le paraphe du secrétaire d'État, et du procureur de Sa Majesté au grand conseil, qui refusa – de même que son substitut ! Le chancelier ayant à son tour refusé, Tournon aurait mis « un sceau quelconque, et [donné] cette pièce informe à l'huissier du parlement de Provence, qui était à la porte, attendant cette arme de mort. »

*

Le père Gabriel Daniel, historien jésuite, peu suspect de sympathie pour une hérésie quelconque, raconte l'horreur du massacre : « Les troupes, au nombre de six mille hommes, se mirent en marche vers Mérindol. Tout se rassembla à Cadenet, où le baron d'Oppède se rendit lui-même. Les villages de La Motte, de Martillac, de Villelaure, de Lourmarin, de Janson et quelques autres, où les vaudois et les luthériens avaient tenu leurs prêches, furent trouvés abandonnés, et on les réduisit en cendres. [...] On mit le feu à Mérindol, on ne laissa pas une seule chaumière entière, et de là les troupes se répandirent de tous côtés. On fit main basse sur tout ce qu'on rencontra. Hommes, femmes, enfants, sans distinction, furent passés au fil de l'épée. Plus de trois mille personnes furent égorgées. Le reste périt de faim dans les forêts, excepté quelque peu qui se sauvèrent en Suisse et à Genève. Il se commit, en cette occasion, de grandes cruautés, dont il y en a qui font horreur à dire : car le soldat est toujours soldat, et le motif de religion ne lui sert, en ces sortes de rencontres, qu'à porter sa fureur aux plus effroyables excès. »

Robert J. Knecht écrit : « Au massacre succéda une vague de pillage : des paysans d'autres régions de Provence venaient s'emparer des biens des vaudois – alors même que les richesses prises aux hérétiques revenaient de droit à la Couronne. La haine religieuse servait d'excuse à la cupidité. [...] Les villes étouffaient sous le poids des taxes imposées par le roi pour son effort de guerre. Les autorités espéraient aussi tirer profit du massacre et se dédommager d'une partie des frais qu'avait exigés sa préparation. »

« Beaucoup de contemporains furent choqués par l'événement, précise encore Knecht. François Ier n'était pas de ce nombre, qui, au mois d'avril, reçut les félicitations du nonce papal pour sa promptitude à châtier les hérétiques de Provence et du Comtat Venaissin. Avec un plaisir manifeste, le roi affirma qu'il ne serait jamais las de soutenir le respect de la religion, du pape et de son légat. Le 18 août, il félicita [le baron] d'Oppède pour sa manière efficace d'appliquer la loi ; en 1546, il lui permit de devenir comte papal. »

Le scandale d'un tel massacre fut tel, néanmoins, que, après la mort de François Ier, son fils, devenu le roi Henri II, devait accepter la tenue d'un grand procès à l'encontre des responsables. Le baron d'Oppède se défendit alors en produisant les ordres en vertu desquels il avait agi, et qui le firent acquitter... Certes Poyet, certes Tournon avaient trempé dans le crime ; mais il paraît difficile d'en exonérer le roi qui, du début à la fin, avait, sans ciller, armé la main du tueur et de ses sicaires.

15

Un roi de chimères

La mort du roi d'Angleterre, au début de l'an 1547, fut mal vécue par son ancien partenaire du Drap d'or. De ce trépas, écrit Martin Du Bellay, « le roi porta grand ennui [...] parce qu'ils étaient presque d'un même âge et de même complexion, et eut doute qu'il fût pour bientôt aller après ; même ceux qui étaient près sa personne trouvèrent que depuis ce temps il devint plus pensif qu'auparavant ». Cela dit, il ne faudrait pas s'exagérer la propension du prince à se fermer au monde : il se montra, jusqu'au bout, de bonne compagnie ; et l'ambassadeur d'Angleterre, le soir même de l'annonce de la mort de son maître, fut sidéré de le voir deviser gaiement au bal, avec les dames...

Plus que les nouvelles du dehors, ce qui accablait François en secret, c'était le mal qui le rongeait. Le 20 mars, les médecins ayant décidé d'inciser son abcès aux parties, le patient ne s'en trouva pas mieux. Mais pour la Faculté, ce fut une triste confirmation : la purulence était telle qu'on ne pouvait, à défaut de miracle, espérer de guérison. « Dieu me punit par où j'ai péché », répétait le malade, se croyant peut-être – à tort – victime d'une résurgence du « mal de Naples », contracté au temps de Marignan. François souffrait ; la douleur devenait même insoutenable ; ses forces le quittaient... Il fit appeler son confesseur et réclama l'extrême-onction.

Le plus triste est que, dans cette agonie pénible, il n'ait pu trouver ni vrai soutien ni soulagement auprès des siens. Marguerite était loin, au monastère de Tusson, près d'Angoulême – Angoulême... Sa propre femme ? Elle ne l'aimait plus ; la malheureuse Éléonore, si mal traitée pendant si longtemps, n'attendait que son décès pour quitter la France et rejoindre sa sœur, Marie, gouvernante des Pays-Bas, et son frère, l'empereur Charles. Son propre fils, le seul encore en vie ? Il n'avait jamais aimé son père ; Henri, trépignant de régner, attendait ce trépas comme une délivrance. Alors qui ? Sa propre maîtresse ? Il est plus que douteux qu'elle l'eût jamais aimé d'amour ; ce qui est sûr, c'est que la duchesse d'Étampes voyait approcher avec effroi l'heure où le dernier souffle de son amant la renverrait au néant ou pire : à son dangereux mari et à la honte de sa position... Autour du mourant, nulle douceur alors, nulle piété, nulle chaleur ; seulement l'exaspération, l'impatience et la peur.

*

La maladie dont souffrait le monarque a été bien expliquée par le Dr Jacques Deblauwe, dans un livre récent que j'ai eu l'honneur d'éditer : *De quoi sont-ils morts vraiment ?* Tordant le cou, une fois pour toutes, à la légende de la syphilis, jadis colportée par Rabelais, le praticien y considère, en reprenant en détail le procès d'autopsie, que François mourut d'insuffisance rénale ayant entraîné une septicémie. Quelles en étaient les causes ? « L'atteinte blennorragique et la tuberculose urinaire ont toutes deux nombre d'arguments », estime Jacques Deblauwe, précisant du reste que les deux ne s'excluent pas forcément : « Il n'est pas illicite de penser que ces deux affections aient pu coexister chez le roi ! Peut-être dès 1512, François contracte une blennorragie, soignée par les techniques d'usage à cette époque, et notamment le sondage. Au fil des années, il développe un rétrécissement urétral, complication classique de cette affection. En 1539 survient un premier abcès périnéal avec prostatite [...]. En 1545, il présente son abcès plurifistuleux qui ne guérira plus, et il s'agit sans doute là du point de départ d'une tuberculose urinaire [...]. L'atteinte tuberculeuse se généralise au cours de l'année 1546 (notamment sur le plan pulmonaire), et le début de l'année 1547 voit se développer la gangrène au niveau de l'abcès, puis une surinfection [...] aboutissant à la septicémie fatale. »

Le 29 mars 1547, le roi pria la duchesse d'Étampes de s'éloigner – terrible moment –, puis il fit venir le dauphin et lui déclara dans un souffle : « Mon fils, vous m'avez été un bon fils, et je m'en contente » – ce qui voulait dire alors : je m'en félicite. « Il vous souviendra de moi... Je n'ai point de remords en ma conscience pour choses que j'ai pu faire. » Là, le lecteur est surpris : soit le mourant profère un mensonge – mais il paraît qu'on ne ment pas à l'article de la mort –, soit il fait preuve d'inconscience... Le 31 mars, après une dernière messe, célébrée dans sa chambre, François, serrant les poings sur un crucifix, murmura : « Je l'ai dit, Jésus, je l'ai dit... » Il expira vers deux heures de l'après-midi.

*

Des années plus tard, dans la verdoyante sérénité du monastère de Yuste, en Estrémadure, où il devait se retirer après avoir abdiqué ses couronnes, Charles Quint aurait tout loisir de resonger à l'éternel conflit qui l'avait opposé à François Ier. Souvent, durant ces années amères, il s'était senti floué, blessé, atteint au vif par les coups tordus et les chausse-trappes du roi de France, son besoin maladif de tout dominer et ses manquements à la parole donnée. L'ancien empereur, certes, avait échoué dans son rêve de fonder la chrétienté universelle ; mais au moins il ne s'était jamais renié – et cela, François, s'il avait vécu assez vieux, n'aurait pas pu le dire... Charles, contemplant de loin la marche du monde, entouré de sa famille et des belles pendules de sa collection, savait sans doute, au fond de lui, qu'il avait mené le bon combat. Mais devinait-il que la postérité donnerait plus volontiers raison à son vieil adversaire ? Pouvait-il imaginer que le souvenir de ce géant radieux, magnifique et sûr de lui éclipserait toujours celui d'un souverain fragile et voûté, à l'air sombre, au regard inquiet ?

Au-delà de ces apparences, qu'allait-il rester du grand monarque François, à la prestance intimidante, à l'extraordinaire vitalité ? Quelques images – dont celle, à ses côtés, d'une sœur admirable, modèle accompli de la femme lettrée – et un bilan. Bilan bien sombre, à la vérité, sans doute un des plus lourds qu'on ait tirés jamais du règne d'un souverain français. Il y avait eu, c'est vrai, Léonard et Cellini ; Chambord devait demeurer, ainsi que Fontainebleau... L'on allait continuer longtemps à vanter le grand règne des lecteurs royaux et de l'ordonnance de Villers-Cotterêts, des récits de Rabelais et des expéditions de Jacques Cartier... Superficiellement, cela ferait oublier, peut-être, les bains de sang, la gabegie, les commissions, les bûchers.

*

Apprenant que je préparais un portrait sans concession du prétendu Roi-Chevalier, un de nos meilleurs modernistes me dit : « Au moins, vous ne pourrez pas nier qu'il fut un grand roi. » Un *grand roi*, vraiment ? Est-il un grand roi, celui qui abandonne les affaires de son royaume aux mains de sa mère, de ses maîtresses et de ses favoris ? Qui protège sciemment des coupables et fait condamner un innocent, veillant lui-même à la cruauté du supplice ? Qui se parjure pour échapper aux conséquences de ses actes, et envoie ses enfants moisir en geôle à sa place ? Qui respecte si mal ses engagements, et se résout si bien à la triche et à l'abandon ? Qui coûte cher en tout, revient sans répit à la guerre en méprisant les chances de la paix, accentue les impôts sans mesure, multiplie les dépenses de prestige en période même de disette ? Qui institue la censure, retarde l'imprimerie, persécute les beaux esprits de son temps et les contraint à l'exil ? Qui enfin ne prend position, en matière religieuse, qu'en fonction des avantages de l'heure, et n'hésite pas à laisser commettre en son nom un massacre sans précédent d'hérétiques ou supposés tels ? Un grand roi, dites-vous ?

Il y a plus grave, peut-être. Quand on fait le bilan de ce règne, on y voit naître les travers qui, un siècle et demi, deux siècles plus tard, devaient condamner la monarchie française. La haute main du roi sur l'ensemble des finances et son immixtion dans une justice domestiquée, la vénalité des offices et l'instrumentation des bénéfices ecclésiastiques, la mise en place d'un système de cour régi par une étiquette absurde, allant jusqu'à l'institution de maîtresses officielles : tout ce qui, au XVIIe siècle, au XVIIIe, devait paraître si évident et faire tant de tort, cependant, à Louis XIV et à Louis XV, ternissant les admirables réussites d'un royaume à son apogée, tout cela fut mis en place sous François Ier et, dans une large mesure, avec son aval. En somme, ce monarque aura fondé ou cautionné ce que l'absolutisme comporte de plus détestable. Et il faudrait continuer d'applaudir...

Je sais bien que les historiens, depuis des générations, ont renoncé à porter le moindre jugement – du moins, ouvertement... Pour moi, sans vouloir tirer à tout prix une morale de ce qui précède, je ne puis m'empêcher de trouver injustifié l'espèce de prestige qui, en dépit de tout, s'attache en France au nom et à l'image de ce roi. Effet de propagande et d'habitude ? Indulgence gauloise envers un personnage associé, dans la mémoire collective, à la bonne vie et aux plaisirs galants ? Pour sévère qu'il soit, je me rangerais plus volontiers à l'avis de Pierre-Louis Roederer. Voici ce qu'estimait l'académicien, il y aura bientôt deux siècles : « Quand, après avoir réfléchi mûrement sur toute la vie de François Ier, on veut en venir à un jugement équitable sur sa personne, on reconnaît qu'il faut s'en tenir au mot de Louis XII : *Ce gros garçon gâtera tout*. François Ier ne fut en effet, pour l'esprit et pour la conduite, qu'un *gros garçon*, épais, borné, vain et présomptueux. Pour les femmes, ce fut sans doute un *beau garçon* ; pour les hommes de guerre, un *brave garçon* ; mais ce fut pour ses ennemis, pour Léon X et Charles Quint, un très *petit garçon* et pour la France ce fut un *mauvais roi*. »

Instruits de ce que nous savons, nous ne pouvons douter que François ait pu être un mauvais fils, un mauvais frère, un mauvais époux et un bien mauvais père ; mais il fut aussi mauvais stratège, mauvais gestionnaire, mauvais arbitre et très mauvais allié. Comment, dans ces conditions, aurait-il pu se révéler à la hauteur de sa tâche ? Il lui manquait, pour seulement y prétendre, deux vertus essentielles à tout homme d'État : l'altruisme et l'élévation. Jamais, ou presque jamais, François Ier ne fit passer son royaume avant lui-même ; jamais il ne se battit pour des motifs plus élevés que son intérêt personnel. Éduqué dans l'illusion de sa propre grandeur, gâté jusqu'à l'excès par une mère et une sœur qui voulaient voir en lui une sorte de demi-dieu, il trouvait naturel de primer en tout, sur tout, ce qui l'amenait à parfois sous-estimer l'adversité, à souvent vouloir simplifier ce qui était complexe, à élire toujours la voie de la facilité. Il lui manqua aussi, pour être ne fût-ce qu'un roi convenable, la vertu, la rigueur, la constance, la modestie, l'assiduité, l'application aux grandes affaires.

Reste le mécène à bon compte, l'amoureux des contrées offertes, le commanditaire large du Primatice et de Rosso Fiorentino... Reste l'éternel admirateur de Roland, de Perceval et d'Amadis, le chasseur infatigable, le joli cœur, le héros des parades et des carrousels, le prince qui voulait croire et faire croire qu'il saurait imposer, en des temps si froids, déjà, si pragmatiques, le code aimable d'une chevalerie pour dames. Reste le roi des songes, le roi des croisades en chambre et des empires de carton-pâte, des poètes de cour, des fièvres milanaises et des horizons napolitains... Reste un roi de chimères.

Bibliographie (très) sélective

Crouzet (Denis), *Charles de Bourbon, connétable de France*, Fayard, 2003.

Erlanger (Philippe), *Charles Quint*, Perrin, 1980, rééd. 1997.

Jacquart (Jean), *François Ier* , Fayard, 1981, rééd. 1994.

Jourda (Pierre), *Marguerite d'Angoulême, reine de Navarre*, Desclée de Brouwer, 1932.

Journal de Louise de Savoie, mère du Grand Roi François Ier, 1489-1522, Éditions Paléo, Histoire – Accès Direct, 2011.

Knecht (Robert J.), *Un prince de la Renaissance, François Ier et son royaume*, Fayard coll. « Chroniques », 1998, rééd. 2014.

Le Fur (Didier), *Marignan, 13-14 septembre 1515*, Perrin coll. « Pour l'histoire », 2004.

Michelet (Jules), *Histoire de France*, t VII (Renaissance), t VIII (Réforme) – Présenté par Paul Viallaneix et Paule Petitier, Éditions des Équateurs, 2008.

Minois (Georges), *Henri VIII*, Fayard, 1989.

Roederer (Pierre-Louis), *Mémoire pour servir à une nouvelle histoire du règne de François Ier, dit le Père des Lettres*, Bossange Frères, 1825.

Chronologie

Les trente-deux années du règne

1515

Janvier – Le 1er, Louis XII meurt ; il sera enterré le 10. François lui succède et devient François Ier. Il sera sacré à Reims le 25 janvier.

Avril-mai – Préparation de la cinquième guerre d'Italie. Le roi quitte Paris pour le Val de Loire et envoie à la fonte la vaisselle d'or de Louis XII. Des troupes sont levées en Allemagne.

Juillet – Le 12, Joyeuse Entrée à Lyon du jeune roi.

Août – Du 13 au 15, les Français franchissent les Alpes à la conquête du duché de Milan. C'est la cinquième guerre d'Italie. Le 30, à Novare, les troupes françaises font leur jonction.

Septembre – Du 13 au 15, à Marignan, dans la plaine du Pô, l'armée française est victorieuse des mercenaires suisses.

Octobre – Le 13, par le traité de Viterbe, le pape Léon X renonce au Milanais, à Parme et à Plaisance en contrepartie de la protection de François Ier sur les États pontificaux. Trois jours plus tard, le roi entre triomphalement dans Milan.

Décembre – Le 7, François Ier parvient à traiter avec huit des cantons suisses. Du 11 au 15, à Bologne, rencontre du roi et du pape Léon X.

1516

Janvier – Le 23, à Marseille, le roi participe d'enthousiasme à une grande bataille d'oranges. Le même jour, en Espagne, mort du roi Ferdinand d'Aragon ; lui succède le jeune Charles d'Autriche, reconnu par les Cortès le 22 février.

Août – Signature du traité de Noyon avec le roi Charles d'Espagne. Ce traité entérine le traité de Viterbe ; l'Espagne reconnaît les droits de François Ier sur le Milanais. Le 18, signature du concordat de Bologne, régissant les relations entre l'Église catholique romaine et le roi de France. Ce dernier obtient le droit de nommer les titulaires des sièges ecclésiastiques du royaume.

Octobre – Répondant à l'invitation de François Ier, Léonard de Vinci vient s'installer en France.

Novembre – Le 29, signature à Fribourg d'un traité de paix perpétuelle avec les cantons helvétiques. Ce traité sera respecté jusqu'à la chute de la monarchie française, en 1792.

1517

Mars – Le 11, par le traité de Cambrai, François, Maximilien de Habsbourg et Charles d'Espagne garantissent mutuellement leurs possessions et se promettent assistance. Le 16, l'Université manifeste bruyamment contre le concordat.

Mai – Délibération du Parlement sur le concordat ; les magistrats traînent des pieds.

Juillet-août – Début des démarches menées par François d'un côté, par Charles de l'autre, en vue de préparer la succession au trône impérial. Maximilien est toujours en vie !

Octobre – Le 31, Martin Luther affiche ses quatre-vingt-quinze propositions à la porte de l'église de Wittenberg.

1518

Février – Le 28, naissance à Amboise de François, dauphin de France. En dépit de la désapprobation de Louise de Savoie, Françoise de Foix devient la favorite du roi. François, recevant les conseillers du Parlement, leur a crié dessus : « Allez ! Obéissez ! Partez demain de grand matin ! » Le concordat ne sera enregistré que le 22 mars.

Mars – Le 13, le pape Léon X proclame la croisade générale contre les Turcs.

1519

Début du chantier de construction du château de Chambord.

Janvier – Le 2, mort de l'empereur Maximilien. C'est son petit-fils, Charles de Habsbourg, qui peut espérer être élu empereur. Mais François convoite, lui aussi, le trône impérial.

Mars – Le 31, naissance d'Henri, le deuxième fils du couple royal.

Juin – Le 28, Charles est élu souverain du Saint Empire romain germanique par la diète de Francfort, et devient Charles V – en français de l'époque, Charles Quint.

1520

Juin – À partir du 7, entrevue dite du Camp du Drap d'or entre François Ier et Henri VIII afin de signer un traité d'alliance avec l'Angleterre. Cette tentative d'alliance échoue : Henri VIII va faire alliance avec Charles Quint, dès le 14 juillet.

Octobre – Le 22, l'entrée solennelle de Charles Quint dans Aix-la-Chapelle donne lieu à cinq heures de festivités solennelles.

En dépit de lourdes concessions, François Ier ne pourra conserver longtemps le soutien du pape qui, à la fin de l'année, accepte l'élection de Charles au trône du Saint Empire et va jusqu'à lui accorder l'investiture de Naples.

1521

Janvier – Le 6, le roi est grièvement blessé lors d'une bataille de boules de neige ! À Worms – où Luther refusera d'abjurer ses idées –, Charles Quint abandonne à son frère le gouvernement effectif de l'Autriche, de la Styrie, de la Carinthie et du Tyrol ; il confie la régence des Pays-Bas à sa tante Marguerite.

Mars – La guerre entre François Ier et Charles Quint éclate sur plusieurs fronts, en Navarre, en Flandre et en Lombardie.

Avril – La faculté de théologie de l'université de Paris condamne solennellement les doctrines de Luther. Le 28 meurt Suzanne de Beaujeu, épouse du connétable de Bourbon ; les vicissitudes de sa succession conduiront à la trahison du jeune veuf.

Août – Le 4, à Calais – donc en terre anglaise –, ouverture de négociations entre les représentants de François Ier et ceux de Charles Quint, sous la présidence du chancelier d'Angleterre, le cardinal Wolsey. La conférence se séparera le 22 novembre sur un échec.

Septembre – Héroïque défense de Mézières par d'Orval, lieutenant du roi en Champagne, et Bayard. Le 26, les Impériaux vont devoir lever le siège.

Novembre – Le 9, la Sorbonne lance des poursuites contre le théologien évangéliste Lefèvre d'Étaples ; la procédure sera bloquée par le roi, sur intervention de plusieurs amis de Lefèvre, dont Guillaume Budé.

1522

Janvier – Ouverture du procès du connétable devant le parlement de Paris.

Avril – Le 29, après la défaite de Bicoque, deux jours plus tôt, la France est contrainte d'abandonner le duché de Milan.

Novembre – Le 14, mort à Chantelle d'Anne de Beaujeu, fille préférée de Louis XI. Elle avait passé ses derniers mois à soutenir son gendre, le connétable de Bourbon, contre les attaques de la Couronne, jusqu'à encourager un rapprochement avec l'empereur et le roi d'Angleterre.

1523

Janvier – Le 17, constitution d'une commission pour la vérification des comptes du baron de Semblançay.

Juillet – Le 23, à Montbrison, le connétable de Bourbon devient l'allié de l'empereur, « envers et contre tous, sans excepter personne ». Les Impériaux et les Anglais se préparent à envahir le royaume.

Août – Le 17, François ayant appris à grands traits la trahison de son connétable, entre à Moulins et se rend au chevet de ce dernier, qui se déclare malade. La scène entre les deux cousins relève de la grande comédie politique.

Octobre – Charles de Bourbon passe officiellement au service de l'empereur ; il devient lieutenant général de ses armées en Italie.

Novembre – Au début du mois, les Anglais renoncent à leur campagne dans le nord-ouest de la France.

1524

Lancement de l'expédition du Florentin Verrazane, pilote de l'armateur dieppois Ango, visant à explorer les côtes du Nouveau Monde.

Février – Le 17, simulacre d'exécution de Jean de Saint-Vallier, seigneur de Poitiers, père de la grande sénéchale, Diane de Brézé. Il avait été condamné pour complicité dans la trahison du connétable.

Mai – Le 11, la première commission nommée pour juger Semblançay rend un verdict d'acquittement, ce qui amènera François, tenace, à nommer une seconde commission !

Juin – Le 30, Bourbon pénètre en Provence.

Juillet – A Blois, le 20, décès de la reine de France, Claude, fille de Louis XII et d'Anne de Bretagne, mère des enfants de François Ier.

Octobre – Le 26, François mène la contre-offensive en Italie ; il s'empare de Milan et s'en va mettre le siège devant Pavie.

1525

Février – Le 24, défaite historique de l'armée française à Pavie : le roi en personne est fait prisonnier par les troupes impériales.

Avril – Le 10, le parlement de Paris envoie à Lyon des remontrances à Louise de Savoie, régente.

Mai – Le 18, François Ier quitte le donjon de Pizzighettone pour aller s'embarquer, à Gênes, vers ses geôles espagnoles. Il sera accueilli à Barcelone, le 19 juin, par une foule compatissante.

Juin – Henri VIII et le pape, inquiets de la puissance de Charles Quint, se rapprochent de la régente Louise.

Septembre – Le 20, arrivée à Madrid de Marguerite d'Angoulême, sœur du roi captif. En quelques jours, ses soins le tireront du coma où il venait de sombrer.

Novembre – Abdication conditionnelle du roi en faveur de son fils, le dauphin François ; cet acte ne prendra jamais effet.

1526

Janvier – Le 14, après avoir pris soin de prévenir ses proches de la comédie qu'il s'apprête à jouer, François signe le traité de Madrid, qu'il n'a aucune intention de respecter. Officiellement, le document diplomatique cède la Bourgogne à Charles Quint et abandonne toute revendication sur l'Italie, les Flandres et l'Artois. Ses fils François et Henri seront envoyés en Espagne, comme otages.

Mars – Le 17, le roi est libéré ; sautant à cheval pour aller regagner la Cour à Bayonne, il se serait écrié : « Je suis libre ! Je suis libre ! » Il ne tardera pas à faire la connaissance de la jeune et belle Anne de Pisseleu, dont il va faire sa maîtresse avant d'en faire la duchesse d'Étampes.

Mai – Le 2, à l'initiative de la régente – maintenue dans ce titre –, Henri VIII, le pape, les Vénitiens, les Florentins et plusieurs princes italiens s'unissent à François contre Charles Quint. Cette alliance, la Ligue de Cognac, va marquer le début de la septième guerre d'Italie.

1527

Mariage de Marguerite, veuve du duc d'Alençon, avec le roi de Navarre, Henri d'Albret.

Mai – Le 6, attaque de Rome par les troupes – composites – de Charles de Bourbon ; l'ancien connétable est tué d'un coup d'arquebuse en pleine poitrine. Commence aussitôt la mise à sac de la Ville éternelle...

Août – Le 11, exécution par pendaison du baron de Semblançay, ancien surintendant, condamné à mort par la seconde commission spéciale, chargée d'éplucher ses comptes. Il est conduit au gibet de Montfaucon au milieu d'une foule en larmes.

1528

Janvier – François Ier déclare la guerre à Charles Quint. Les Français franchissent les Alpes, reconquièrent Milan et assiègent Naples. À l'été, l'armée française n'en subira pas moins de lourdes pertes.

Août – Dans la nuit du 15 au 16, Lautrec meurt de la peste pendant le siège de Naples. Les Français vont devoir se retirer dans des conditions difficiles.

1529

Juin – Le 21, jour de l'été, les Français sont battus à la bataille de Landriano. Cette fois, c'est la fin des ambitions italiennes de François Ier.

Août – Le 3, à Cambrai, Louise de Savoie et Marguerite d'Autriche, gouvernante des Pays-Bas, signent la Paix des Dames. François renonce à l'Italie mais conserve la Bourgogne. Une énorme rançon de deux millions de livres devra être versée par la France pour le retour des otages princiers.

1530

François Ier crée quelques postes de lecteurs royaux, ce qui peut être regardé comme l'origine du Collège de France.

Juillet – Le 1er, les Fils de France, François et Henri, sont – enfin – libérés. Le 4, le roi épouse la sœur de Charles Quint, Éléonore de Habsbourg. Cette union, prévue dès le traité de Madrid, était une des conditions du traité de Cambrai.

1531

Septembre – Le 22, mort, à Grez-sur-Loing, de la mère du roi, Louise de Savoie. Marguerite était à son chevet. Elle sera, en dépit de réserves d'étiquette, inhumée à Saint-Denis comme une reine.

1532

Mai – À partir du 14, et jusqu'au 22 juin, le roi et la Cour s'invitent chez l'ancienne favorite, Françoise de Foix, dans son domaine de Châteaubriant.

Août – À Vannes, les états de Bretagne demandent la réunion définitive à la France de leur duché.

Octobre – Le 21, un peu plus de onze ans après le Camp du Drap d'or, François Ier et Henri VIII se retrouvent aux environs de Boulogne. Cette seconde entrevue n'aura guère plus d'effets concrets que la première…

1533

Octobre – A Marseille, le 28, mariage du deuxième fils du roi, Henri, duc d'Orléans, avec la nièce du pape Clément VII, la jeune héritière florentine Catherine de Médicis.

1534

Juin – L'aboutissement d'un accord entre le roi des Romains, Ferdinand de Habsbourg, et les princes luthériens de la Ligue de Smalkalde, signe l'échec de la politique allemande de François Ier.

Juillet – Le 24, à l'initiative du grand maître de France, Anne de Montmorency, le roi réorganise l'armée française sur le modèle des antiques légions romaines.

Août – Le 9, Jacques Cartier, ayant traversé l'Atlantique, atteint l'embouchure du Saint-Laurent.

Il convaincra le roi de financer d'autres expéditions : il est permis de voir dans cette exploration l'acte de la naissance de la Nouvelle-France.

Octobre – Dans la nuit du 17 au 18, des affiches dénonçant la messe catholique sont placardées à Paris, en province et même sur la porte de la chambre du roi à Amboise. Cette « affaire des Placards », perçue comme un complot, engage le roi sur la voie de la répression à l'égard des réformés.

1535

Janvier – Le 13, François promulgue un édit prohibant l'imprimerie et fermant les librairies. Les mesures s'assouplissent quelques jours plus tard, mais le parlement de Paris crée une commission spéciale, la Chambre ardente, afin de traquer les livres séditieux. Le 21, une grande procession d'expiation se déroule à Paris, qui sera suivie de la mise à mort de six hérétiques.

Juin – Victoire, à Tunis, de Charles Quint sur Barberousse et les pirates barbaresques. L'empereur fait ainsi délivrer dix-huit mille esclaves chrétiens.

Août – Le 1er, Calvin, alors à Bâle, publie la préface de l'*Institution*, adressée au roi de France, dans laquelle il affirme que les idées nouvelles n'ont rien de séditieux.

1536

Février – Signature d'un traité d'alliance entre François Ier et Soliman le Magnifique, visant à endiguer la puissance des Habsbourg.

Avril – Le 17, devant le Sacré Collège, l'empereur Charles Quint prononce une violente diatribe à l'encontre du roi François Ier.

Août – Le 10, mort à Tournon du dauphin François. Son frère cadet, Henri, devient le dauphin de France. Quant à son écuyer, le Ferrarais Montecuculli, accusé d'avoir empoisonné son maître, il sera écartelé à Lyon, place Grenette, le 7 octobre suivant.

1537

Juillet – Le 31, une trêve entre François et Charles est signée à Bomy, pour toute la région du Nord. Une autre sera signée à Monçon, le 16 novembre.

1538

Juin – Le 18, grâce à l'entremise du pape Paul III, le roi et l'empereur signent, à Nice, une trêve de dix ans. La France acquiert la Savoie et le Piémont, mais elle renonce à Milan.

Juillet – Le 14 a lieu enfin, à Aigues-Mortes, l'entrevue attendue depuis des années entre François et Charles.

1539

Août – Le 10, François Ier promulgue l'ordonnance de Villers-Cotterêts, exigeant – entre autres nombreuses mesures – que tous les actes administratifs, judiciaires et politiques soient désormais rédigés en langue française, et ordonnant la tenue de registres paroissiaux.

Novembre et décembre – Traversée du royaume par Charles Quint, parti mater en Flandre la révolte des bourgeois gantois.

1540

Juin – Le 1er, le roi signe l'édit de Fontainebleau, qui proscrit le protestantisme et enlève aux tribunaux ecclésiastiques le droit de jugement des hérétiques, pour le confier aux juges civils et au Parlement.

Octobre – Charles Quint investit son fils Philippe – le futur Philippe II – du duché de Milan.

1541

Février – Le 8, l'amiral Chabot de Brion est condamné par une commission spéciale à la réclusion et à de lourdes amendes. Il est incarcéré au donjon de Vincennes. Mais il sera, un an plus tard, réintégré dans ses fonctions.

Juin – Le mariage de Jeanne d'Albret, nièce du roi, avec le duc de Gueldre, est célébré au château de Châtellerault. La cérémonie marque la disgrâce définitive du connétable de Montmorency.

Octobre – Dans la nuit du 26 au 27, une tempête dévaste, en rade d'Alger, la flotte réunie par Charles Quint pour vaincre définitivement les Barbaresques. L'expédition impériale vire au désastre.

1542

Juillet – Le 12, le roi de France déclare à nouveau la guerre à Charles Quint. Henri VIII sera cette fois du côté de l'empereur.

1543

Juin – Le 1er, mort de l'amiral Chabot de Brion, rentré en grâce depuis peu. Il est remplacé par l'amiral d'Annebault.

Juillet – La flotte de Barberousse rejoint les navires français près de Marseille. Les deux forces navales vont, ensemble, prendre Nice au duc de Savoie. Les galères ottomanes occuperont le port de Toulon une année entière, et ne s'en retireront qu'en échange d'une lourde redevance.

1544

Avril – Le 14, à Cérisoles, au sud de Carignan, victoire de l'armée française, conduite par le jeune comte d'Enghien.

Juillet – Le 8, les Impériaux atteignent Saint-Dizier, qu'ils assiègent. La ville se rendra le 17 août, à la faveur d'une ruse de guerre.

Septembre – Le 18, François Ier et Charles Quint signent le traité de Crépy-en-Laonnois. Le roi de France renonce à ses prétentions sur le Milanais et sur Naples, tout en conservant la Savoie et le Piémont. Charles Quint abandonne la Bourgogne et accepte de marier sa fille, dotée du Milanais, à Charles d'Orléans.

1545

Avril – Le 19, massacre de vingt-cinq villages vaudois, dont Mérindol et Cabrières.

Septembre – Le 8, mort du plus jeune fils du roi, Charles, duc d'Orléans. La duchesse d'Étampes, gravement fragilisée par ce décès, se voit dotée de fiefs, de baronnies, de châtellenies, de manoirs, de cens, de rentes en abondance…

1546

Juin – Signature, le 8, du traité d'Ardres avec le roi d'Angleterre.

Octobre – Le 4, le parlement de Paris condamne quatorze réformés de Meaux à être torturés, puis brûlés vifs, sous les yeux de leurs co-accusés.

1547

Janvier – Le 25, mort d'Henri VIII d'Angleterre.

François Ier meurt le 31 mars, au château de Rambouillet. Ses obsèques solennelles seront célébrées à Paris, puis à Saint-Denis.

Tributs

Cet essai doit beaucoup à Thierry Billard, et lui doit doublement. D'abord, en m'encourageant, voilà quelques années, à écrire la saga romanesque de *La Cour des Dames*, il m'avait donné l'envie et le temps de plonger dans cette étonnante période. Puis, en me demandant le présent ouvrage, il m'a permis d'aller au bout de mes découvertes, et de dire enfin ce qu'on ne dit presque jamais à propos de François Ier. Mille grâces, Monsieur Billard !

Venir à bout d'un tel projet s'apparente, à mes yeux, à des travaux d'horticulture. Il faut ensemencer, irriguer, greffer, sarcler, cueillir… Grand merci à Philippe Séguy d'avoir préparé le terrain, à Danielle Porte d'avoir contrôlé de près la récolte et à Marc Menant d'en avoir trié les fruits.

J'aimerais enfin rendre hommage à Pierre-Louis Roederer, avocat au parlement de Metz, membre de l'Assemblée constituante, ami de Lavoisier, de Malesherbes, conseiller d'État sous le Consulat et l'Empire – il fut notamment ministre des Finances du roi de Naples. Exclu de l'Académie française à la Restauration, il devait revenir à l'Institut en 1832. Sans l'exemple du *Mémoire* sévère qu'il publia, dès 1825, à l'encontre de François Ier, il est probable que je n'aurais pas trouvé le courage d'exprimer un tel avis.

Table

11229

Composition
NORD COMPO

Achevé d'imprimer en Espagne
par CPI (Barcelone)
le 14 septembre 2015.

Dépôt légal septembre 2015
EAN 9782290104958
OTP L21EPLN001770N001

ÉDITIONS J'AI LU
87, quai Panhard-et-Levassor, 75013 Paris

Diffusion France et étranger : Flammarion